출발! 시간 여행
유네스코 세계 문화유산

출발! 시간 여행 유네스코 세계 문화유산

1판 4쇄 발행 2024년 6월 19일

글쓴이	김경희
그린이	김규준
편집	이용혁 박재언 이순아
디자인	문지현 오나경
펴낸이	이경민
펴낸곳	㈜동아엠앤비
출판등록	2014년 3월 28일(제25100-2014-000025호)
주소	(03972) 서울특별시 마포구 월드컵북로22길 21, 2층
홈페이지	www.moongchibooks.com
전화	(편집) 02-392-6901 (마케팅) 02-392-6900
팩스	02-392-6902
전자우편	damnb0401@naver.com
SNS	

ISBN 979-11-6363-337-2 (74400)

※ 책 가격은 뒤표지에 있습니다.
※ 잘못된 책은 구입한 곳에서 바꿔 드립니다.
※ 이 책에 실린 사진은 위키피디아, 셔터스톡에서 제공받았습니다.

도서출판 뭉치는 ㈜동아엠앤비의 어린이 출판 브랜드로, 아이들의 지식을 단단하게 만들어 주고, 아이들의 창의력과 사고력을 키워 주어 우리 자녀들이 융합형 창의 사고뭉치로 성장할 수 있도록 좋은 책을 만들겠습니다.

펴내는 글

세계 문화유산은 어떤 기준으로 선정되는 걸까?
세계 문화유산을 보존해야 하는 이유는 뭘까?

    선생님의 질문에 교실은 한순간 조용해집니다. 인내심이 한계에 다다른 선생님께서 콕 집어 누군가의 이름을 부르는 순간 나는 걸리지 않았다는 안도감에 금세 평온을 되찾지요. 많은 사람 앞에서 어떻게 말을 해야 하나 고민해 보지 않은 사람은 없을 겁니다. 사람들 앞에서 자신의 생각을 조리 있게 전달하는 기술은 국어 수업 시간에만 필요한 것이 아닙니다. 학교 교실뿐만 아니라 상급 학교 면접 자리 또는 성인이 된 후 회의에서도 자신의 의견을 분명히 표현할 수 있어야 합니다. 하지만 어디서부터 시작해야 할지 몰라 입을 떼는 일이 쉽지 않습니다. 혀끝에서 맴돌다 삼켜 버리는 일도 종종 있습니다. 얼떨결에 한마디 말을 하게 되더라도 뭔가 부족한 설명에 왠지 아쉬움이 들 때도 많습니다.
    논리적 사고 과정과 순발력까지 필요로 하는 토론장에서 자신만의 목소리를 내려면 풍부한 배경지식은 기본입니다. 게다가 고학년으로 올라가서 배우는 수업과 진학 시험에서의 논술은 교과서 이상의 것을 요구합니다. 또한 상대의 의견을 받아들이거나 비판하기 위해서는 의견의 타당성을 검토하고 높은 수준의 가치 판단을 해야 하는 경우가 많은데, 자신의 입장을 분명히 하기 위해서는 풍부한 자료와 논거가 필요합니다.
    토론왕 시리즈는 사회에서 일어나는 다양한 사건과 시사 상식 그리고 해마다 반복되는 화젯거리 등을 초등학교 수준에서 학습하고 자신의 말로 표현할 수 있도록 기획

되었습니다. 체계적이고 널리 인정받은 여러 콘텐츠를 수집해 정리하였고, 전문 작가들이 학생들의 발달 상황에 맞게 스토리를 구성하였습니다. 개별적으로 만들어진 교과서에서는 접할 수 없는 구성으로 주제와 내용을 엮어 어린이 독자들이 과학적 사고뿐만 아니라 문제 해결력, 창의적 발상을 두루 경험할 수 있도록 하였습니다. 또한 폭넓은 정보를 서로 연결지어 설명함으로써 교과별로 조각나 있는 지식을 엮어 배경지식을 보다 탄탄하게 만들어 줍니다. 이러한 통합 교과형 구성은 국어를 기본으로 과학에서부터 역사, 지리, 사회, 예술에 이르기까지 상식과 사회에 대한 감각을 익히고 세상을 올바르게 바라보는 눈을 갖는 데 큰 도움이 될 것입니다.

『출발, 시간 여행! 유네스코 세계 문화유산』은 세계적으로 보존 가치가 있는 다양한 형태의 문화를 알아 가는 책입니다. 단순히 유적지뿐만 아니라 과학, 기술, 관습, 건축물, 예술 작품, 문화재, 자연물 등 오랜 역사를 품으면서 미래 인류에게 전승할 만한 가치가 있는 다양한 문화유산을 설명해 주고 있지요. 문화유산을 보존하고 전승해야 하는 이유에서 그치지 않고, 그 안에 담긴 다양한 사회적, 과학적, 문화적 가치에 대해 어린이의 눈높이에 맞는 정보를 제공해 주고자 노력했습니다. 이 책을 읽는 어린이들이 좀 더 넓은 시야에서 문화유산을 바라보고, 스스로 가치 있는 문화가 무엇인지 찾아볼 수 있기를 기대합니다.

편집부

차례

펴내는 글 · 4
고고! 세계 유산 탐험 · 8

1장 아시아의 세계 유산 · 11

백성들의 목숨으로 쌓아 올린 중국의 만리장성

영원한 사랑이 담긴 인도의 타지마할

토론왕 되기! 세계 유산은 무엇이고 왜 소중하게 생각해야 할까?

2장 유럽의 세계 유산 · 37

프랑스의 베르사유 궁전

러시아의 크렘린 궁전과 붉은 광장

그리스의 아크로폴리스

토론왕 되기! 부끄러운 세계 유산도 등록되어야 할까?

뭉치 토론 만화
다른 나라의 문화재는 반환해야 할까? · 71

 **3장** 아메리카의 세계 유산 · 79

미국 자유의 여신상

페루의 마추픽추

토론왕 되기! 개인이 소장한 세계 유산을 반환해야 할까?

4장 아프리카와 오세아니아의 세계 유산 · 99

이집트의 피라미드와 스핑크스

사막에서의 재회

시드니 오페라 하우스

토론왕 되기! 어떤 것이 세계 유산이 되어야 할까?

어려운 용어를 파헤치자! · 123
세계 문화유산 관련 사이트 · 124
신나는 토론을 위한 맞춤 가이드 · 125

1장

아시아의 세계 유산

백성들의 목숨으로 쌓아 올린 중국의 만리장성

사그락사그락!

부스럭거리는 소리에 눈을 떴어요. 시꺼먼 물체가 조종실 위를 미끄러지듯 기어가고 있는 모습이 보였어요. 생쥐였어요.

"쥐, 쥐다!"

나도 모르게 소리쳤어요. 태현이의 입에서도 비명이 터져 나왔어요.

"으악! 저리 가! 저리 가라고!"

우리가 쥐를 보며 호들갑을 떨고 있는데, 새리가 고개를 절레절레 흔들며 끼어들었어요.

"애들아, 지금 생쥐가 문제가 아냐! 창밖을 좀 봐!"

태현이와 나는 동시에 창밖을 내다보았어요.

헬기, 그러니까 우리가 탄 타임머신 헬기 밖으로 낯선 풍경이 펼쳐져 있었어요.

"오 마이 갓! 여기가 어디야?"

놀란 우리는 밖으로 뛰쳐나갔어요. 주변을 살펴보니 산 능선을 따라 물결치듯 이어진 성곽길이 눈에 들어왔어요. 나는 단번에 이곳이 중국의 만리장성이라는 것을 알 수 있었어요. 1년 전 가족 여행을 왔던 곳이거든요.

"헐! 여긴 중국의 만리장성이야!"

내 말에 태현이가 고개를 갸웃거렸어요.

"내가 알고 있는 만리장성이랑 많이 다른데?"

"당연히 다를 수밖에! 이건 성벽이 완성되기 전의 만리장성이야. 우리는 지금 먼 옛날로 시간 여행을 온 거란 말이야."

"뭐? 우리가 진짜로 시간 여행을 하고 있어?"

태현이가 흥분해서 소리쳤어요.

나는 빨리 집으로 돌아가야겠다고 생각했어요. 우리 삼촌이 타임머신을 발명했지만, 내가 직접 타임머신을 타 본 건 이번이 처음이거든요. 겁이 덜컥 났어요.

"야, 어서들 타! 집에 돌아가야 해!"

내가 놀라서 헬기 안으로 뛰어 들어가려 하자, 태현이와 새리가 동시에 내 팔을 잡았어요.

"여기까지 왔는데 그냥 집에 가자고?"

"그래! 우리끼리 시간 여행을 하는 건 위험해! 이건 단순한 시간 여행이 아니라 세계 유산만 찾아다니는 타임머신이야. 그래서 아주 먼 과거로 갈 수도 있기 때문에 위험한 일이 생길 수 있어."

집으로 돌아가야 하는 이유를 진지하게 설명하는 내게 새리가 씨익 웃으며 입을 열었어요.

"그게 어쨌다고! 걱정하지 마! 내가 너희들을 지켜 줄게."

새리가 이렇게 말하며 멋지게 발차기를 해 보였어요.

"맞아! 우리에게는 전국 초등학생 태권도 대회에서 1등한 새리가 있잖아! 여기까지 왔는데 시시하게 집에 갈 수는 없어!"

태현이가 거들었어요.

"몇 번을 말해! 안 된다니까!"

내가 눈을 부라리며 소리쳐도 태현이와 새리는 태평하게 웃었어요.

"쳇! 준수 너 설마 겁나서 이러는 거 아냐?"

"그런 거 아니거든!"

나는 콧잔등을 잔뜩 찡그리며 대꾸했어요.

"태현아, 세계 유산 탐험, 생각만 해도 신나고 짜릿하지 않니? 게다가 내 인생 최초이자 마지막 시간 여행일 수도 있는데 여기서 멈추는 건 너무 아쉬워."

새리가 태현이에게 윙크를 하며 말했어요.

"으응. 그건 나도 그래."

와 버렸어.

여권도 없이…
쩝!

만리장성

기원전 208년, 전국 시대의 제나라에 의해 처음 세워졌다가 진나라를 통일한 진시황이 흉노족의 공격을 막기 위해 여러 개의 장성을 하나로 연결하였어요.

그 뒤 한나라를 거쳐 명나라까지 이어졌고, 우여곡절 끝에 완성된 길이가 약 2700km 이르러 세계에서 가장 긴 성벽이 되었어요.

유네스코는 1987년, 현재까지 존재하는 세계에서 가장 길고 오래된 성벽이자 여러 시대에 걸쳐 수백만 명의 눈물과 목숨으로 만들어진 만리장성을 세계 유산으로 선정했어요. 지금 남아 있는 만리장성은 명나라 때 몽골의 침입을 막기 위해 쌓은 것이라고 해요.

중국의 만리장성

태현이가 내 눈치를 살피며 대답했어요.

이대로 뒀다간 우리끼리 꼼짝없이 시간 여행을 해야 할 것 같았어요.

나는 그동안 삼촌에게서 시간 여행 이야기를 자주 들었어요. 그래서 시간 여행이 얼마나 위험한 일인지 조금은 알거든요. 삼촌은 얼마 전에도 십자군_{중세 유럽에서, 기독교도가 팔레스타인과 예루살렘을 이슬람교도로부터 다시 찾기 위하여 일으킨 원정대}에게 잡혀 돌아오지 못할 뻔했어요.

'시간 여행을 하다 보면 언제 무슨 일이 닥칠지 모르는데 절대 안 돼! 어떡하지?'

나는 마지막 방법을 써 보기로 했어요. 바로 새리의 자존심을 살살 긁는 거였어요. 새리는 유치원 때부터 운동만 해서 책을 많이 읽지 않았어요. 그래서 우리 중에 지식이 제일 얕았지요.

"새리 너는 세계 유산이 뭔지도 모르지? 혹시 그냥 관광지로 아는 거 아냐?"

"준수 너, 지금 나를 무시하는 거니? 내가 세계 유산이 뭔지도 모르면서 구경하자고 할까 봐?"

새리가 발끈해서 소리쳤어요.

"그럼 안다는 말이야? 만약 네가 세계 유산이 뭔지 정확하게 알면 네 말대로 할게. 하지만 잘 모르면 집으로 바로 돌아가는 거다!"

"좋아! 너나 약속해! 사나이가 한입 갖고 두말하지 말고."

1장 아시아의 세계 유산

"그래! 약속할게."

내 말이 끝나자마자 새리가 진지한 표정으로 입을 열었어요.

"준수야, 잘 들어! 세계 유산이란 국제 연합 교육 과학 문화 기구(UNESCO)가 '세계 문화 및 자연 유산 보호 협약'에 따라 지정한 문화재야. 수백, 수천 년 동안 지구촌 조상님들이 남긴 소중한 유산을 보호하고 우리 후손에게 잘 전해 주기 위해 유네스코가 지정한 것이지. 그래서 세계 유산은 역사나 문화, 예술, 과학 분야 등에서 세계적인 가치를 지니고 있어."

내 예상을 뒤집은 새리의 정확한 설명에 눈앞이 깜깜해졌어요. 할 수

없이 나는 아이들 말대로 해야 했지요.

"한 번만 둘러보고 가는 거다!"

"당연하지! 그럼 내가 여기 살자고 하겠냐? 어서 구경이나 하자!"

새리가 재촉을 했어요.

그렇게 우리 셋이 만리장성 주변을 돌고 있을 때였어요. 둔탁한 무언가가 구르는 소리와 함께 비명 소리가 들렸어요.

우리는 소리가 나는 곳으로 서둘러 뛰어갔어요. 웬 아저씨가 커다란 돌에 깔려 있었어요. 우리는 힘을 합쳐 돌을 치우고 아저씨를 부축했어요. 대화를 나누려고 삼촌이 개발한 자동 통역기도 켰지요.

"아저씨, 괜찮으세요?"

"아니? 어린애들이 이런 곳에 왜 있니? 어서 가거라! 여긴 매일 많은 사람들이 죽어 나가는 위험한 곳이란다."

"왜 사람들이 죽어 나가요?"

"우린 만리장성을 쌓고 있어. 만리장성을 쌓는 일은 엄청나게 힘든 일이지. 추위와 고된 노동에 매일 수많은 사람들이 목숨을 잃고 있어. 어제만 해도 돌무더기가 와르르 무너져 사람들이 여럿 죽었단다."

말을 마친 아저씨가 깊은 한숨을 쉬었어요.

그와 동시에 가까운 곳에서 채찍질 소리와 함께 고함치는 소리가 들려왔어요.

"빨리빨리 쌓아라! 북쪽 오랑캐가 쳐들어오지 못하게 말이야!"

아저씨가 갑자기 겁먹은 표정을 지으며 도망가라는 손짓을 했어요.

"애들아, 군사들이 오기 전에 어서 도망가! 일꾼이 모자라 어린애들도 공사장으로 끌고 간다고 하더라. 어서!"

아저씨의 급박한 목소리에 태현이가 잔뜩 겁먹은 표정을 지었어요.

그때 우렁찬 남자 목소리가 들려왔어요.

"거기! 빨리 일하지 않고 뭐 해! 혼 좀 나 봐야 정신 차릴래?"

병사 하나가 채찍을 휘두르며 걸어오고 있었어요.

"애들아, 잡히면 안 돼! 어서 뛰어!"

놀란 태현이가 소리치며 뛰기 시작했어요.

나와 새리도 얼떨결에 뛰기 시작했지요. 하지만 얼마 가지 못하고

　내 앞에서 태현이가 앞으로 푹 꼬꾸라지지 뭐예요? 돌부리에 걸려 넘어진 거예요. 태현이는 벌떡 일어나더니 무릎에서 피가 철철 흐르는 줄도 모르고 냅다 뛰었어요.

　잠시 후 태현이와 새리까지 헬기에 올라타자 나는 세차게 헬기 문을 닫았어요. 창밖을 보니 병사들이 우르르 몰려오고 있었어요.

　나는 잽싸게 스타트 버튼을 눌렀어요. 그러자 수많은 디지털 타이머가 돌기 시작하더니 헬기 주변으로 회오리바람이 일었어요.

　"준수야, 헬기가 난다, 날아!"

　태현이가 흥분하여 소리쳤어요.

"휴! 이제 집으로 돌아가나 봐! 다행이다!"

나와 태현이가 좋아서 어쩔 줄 몰라 하는 동안에도 새리는 뚱한 표정으로 멀뚱멀뚱 창밖을 바라보고 있었어요.

"새리야, 왜 그래?"

"아까 그 아저씨 말이야. 집에 갈 수나 있을까? 어쩌면 죽을 때까지 집에 돌아가지 못하고 성벽을 쌓으시겠지?"

새리의 말에 묘한 정적이 흘렀어요.

"난 그동안 만리장성을 세계적인 관광지라고만 생각했어. 그런데 알고 보니 중국 사람들의 피와 땀, 고통으로 만든 건축물이었네."

"맞아! 그런데 그런 이유 때문에 사람들이 만리장성을 지구상에서 사람의 손으로 건설한 것 중 가장 웅장하고 완벽한 건축물이라고 하는 거 아닐까?"

우리가 이런저런 이야기를 나누는 사이 회오리바람이 멈추었어요.

 ## 영원한 사랑이 담긴 인도의 타지마할

"타, 타지마할이야!"

새리가 눈을 반짝 뜨고 창밖을 내다보았어요.

타지마할

타지마할은 무굴 제국의 황제인 샤 자한이 열네 번째 아이를 낳다 세상을 떠난 왕비를 추모하기 위해 만든 무덤 궁전이에요. 무려 2만 명이나 되는 사람을 동원해 인도 아그라에 세웠지요.

하얀색 대리석으로 지어진 타지마할은 1632년에 착공하여 1653년에 완성되었어요. 타지마할은 정원 한가운데에 있는 물길을 기준으로 좌우가 완벽하게 대칭을 이루고 있어요. 당시에는 지금 돈으로 약 9천억 원에 달하는 많은 공사비 때문에 나라 살림이 바닥나 백성들의 원성이 자자했지만, 지금은 인도의 건축 문화를 상징하는 건물로 아시아의 대표적인 문화유산이자 세계의 문화유산으로 인정받고 있답니다.

인도의 타지마할

1장 아시아의 세계 유산

나도 놀라 창밖을 내다보았어요. 정말로 하얀 대리석으로 지어진 타지마할이 신비스런 자태를 뽐내며 서 있었어요.

"여기가 인도라고? 아니야, 아닐 거야! 우리는 집으로 가야 하는데!"

나는 고개를 세차게 흔들었어요.

"너무 멋지다! 우리 내려서 구경하자!"

"안 돼! 내리지 마! 우리는 집에 가야 한다고!"

내가 소리쳤지만 새리와 태현이는 어느새 밖으로 뛰쳐나갔어요. 할 수 없이 나도 애들을 따라나섰지요.

"진짜 타지마할이다!"

눈앞에 그 유명한 타지마할이 떡하니 서 있다는 사실이 믿기지 않았어요.

"태현아, 여기 타지마할 보이게 찍어 줘!"

"야, 나 먼저 찍어 줘! 어때? 내 포즈 멋지지 않냐?"

새리와 태현이는 서로 자기 사진을 찍어 달라며 호들갑을 떨었어요.

그때였어요. 병사들이 고함을 지르며 달려왔어요.

"잡아라!"

우리는 얼떨결에 병사들에게 잡히고 말았어요.

"어떤 놈들이 감히 내 부인의 묘지를 침범했단 말이냐?"

쩌렁쩌렁한 목소리의 남자가 우리 앞으로 천천히 걸어왔어요.

"황제 폐하 샤 자한 님이시다! 고개 숙여라!"

병사 하나가 내 머리를 눌러 고개를 숙이게 만들었어요. 또 다른 병사는 내 주머니를 뒤져 타임머신을 조작하는 카드 키를 빼앗았지요.

"그건 안 돼요!"

내가 발버둥쳤지만 카드 키는 어느새 샤 자한에게 전해졌어요.

그런데 바로 그 순간, 복면을 한 무사들이 우르르 나타나 우리를 에워쌌어요. 곧 누군가의 외침과 함께 황제의 병사들과 복면 무사들이 칼

을 빼들었어요.

챙! 챙! 칼날이 부딪치는 소리가 날 때마다 오금이 저렸어요. 복면 무사의 칼날에 황제의 병사들이 하나둘 쓰러졌어요.

곧 복면 무사들이 우리 곁으로 다가왔어요. 그중 한 명이 새리 뒤로 다가왔어요. 불길한 생각에 땀이 삐질삐질 났어요.

'앗, 새리가 위험해!'

나는 깊이 생각할 새도 없이 새리에게 다가가는 복면 무사의 뒤통수를 내 머리로 받아 버렸어요. 그리고 그대로 정신을 잃고 말았죠.

얼마나 시간이 흘렀을까? 내가 정신을 차렸을 때 누군가 내 이마를 매만져 주고 있었어요.

"준수야, 정신이 들어?"

새리였어요.

"우리 모두 무사하네? 복면은 누구였어? 우린 어떻게 풀려난 거야? 샤 자한은?"

나는 궁금한 질문을 한꺼번에 쏟아 냈어요.

"우리를 공격한 복면 무사들은 샤 자한의 아들이 부리는 부하들이었어. 샤 자한이 타지마할을 짓느라 나라를 제대로 돌보지 않아서 황제의 아들이 반란을 일으킨 거지. '적의 적은 내 편'이라고 생각했는지 황제의 아들이 우리는 그냥 풀어 줬고, 샤 자한은 아그라 요새 탑에 가뒀어.

참, 아까 나 구해 줘서 고마워."

새리의 말이 끝나기가 무섭게 태현이가 끼어들었어요.

"얘들아, 수다는 그만 떨고 집에 가자! 겁나서 여기 더 못 있겠어."

"그래! 이제 집으로 돌아가자!"

나는 자리에서 벌떡 일어났어요. 그런데 그때 타임머신 헬기를 조작할 수 있는 카드 키를 샤 자한에게 빼앗긴 사실이 떠올랐어요.

우리는 할 수 없이 샤 자한을 만나러 아그라 성으로 가야 했어요. 다행히 아그라 요새의 성문을 지키는 병사들은 많지 않았지요.

"내가 병사들을 따돌릴 테니 그사이 너희 둘이 안으로 들어가."

새리의 말에 나와 태현이는 어리둥절한 채 서로를 바라보았어요.

"어떻게 따돌리겠다는 거야?"

"다 방법이 있거든! 구경이나 하셔!"

새리는 주머니에서 레이저 포인터를 꺼낸 뒤, 보초병들의 발을 향해 쏘았어요. 보초병들이 붉은빛과 푸른빛의 레이저 빛에 관심을 보이느라 한눈을 파는 사이 새리가 내게 신호를 보냈어요.

"지금이야!"

나는 재빨리 성안으로 들어갔어요.

샤 자한은 탑에 갇혀 있다고 했어요. 그래서 나는 계단을 지나서 탑으로 올라갔어요. 계단 끝에 방 하나가 보였어요. 다행히 방을 지키는

사람은 아무도 없었어요.

문틈으로 안을 들여다보니 샤 자한이 슬픈 표정으로 창밖을 보고 있었어요. 나는 뭐라고 말을 꺼내야 하나 생각하며 방으로 들어갔어요.

"이걸 찾으러 온 모양이구나!"

샤 자한은 기다렸다는 듯이 카드 키를 내게 던져 주었어요.

이게 어떻게 된 일일까요?

"가, 감사합니다."

샤 자한은 내게 어디에서 왔는지 물었어요. 나는 뭐라고 대답을 해야 할지 몰라 머뭇거렸지요. 그때 문밖에서 새리가 소리쳤어요.

아그라 요새

아그라 요새는 인도의 야무나강 서쪽에 있는 궁전으로 1565년 무굴 제국의 제3대 황제인 악바르가 지었어요. 붉은빛이 나는 모래 암석으로 만들어져 '붉은 성'이라고도 해요.

훗날 아들에게 쫓겨난 샤 자한은 요새 안 '포로의 탑'이라는 뜻의 무삼만 버즈(Musamman Burj)에 갇혀 매일 아내의 무덤인 타지마할을 바라보며 여생을 보냈어요. 아그라 성안에는 여러 개의 아름다운 모스크가 있어요. 가장 유명한 것은 샤 자한이 만든 모티 마스지드(Moti Masjid)라고 해요. 대리석으로 만든 사원으로 '진주 모스크'라고도 불리는데 완벽한 조형미를 자랑하고 있지요.

인도의 아그라 요새

"준수야, 뭐 해! 빨리 나와!"

나는 샤 자한을 보았어요.

"저희랑 같이 가실래요?"

"아니다. 내가 있을 곳은 바로 여기란다."

샤 자한은 창문 너머로 타지마할만 하염없이 바라보았어요.

"시간 없어!"

새리의 재촉에 나는 할 수 없이 방을 나왔어요. 샤 자한을 혼자 두고 우리만 가야 한다는 사실에 어쩐지 마음이 편치 않았어요.

"왕비를 얼마나 사랑하면 무덤 궁전을 만들 수 있는 걸까? 직접 보니까 사람들이 왜 타지마할을 '불멸의 사랑'이라고 말하는지 알 것 같아."

새리가 나를 살짝 흘겨보며 말했어요.

"사랑은 모르겠고 타지마할이 걸작인 건 인정해! 그래서 유네스코도 타지마할이 인도에 있는 무슬림 예술의 보석이라고 평가를 해서 세계문화유산으로 등재했대."

"그러면 뭐 해! 저걸 만든 샤 자한은 죽을 때까지 외롭게 성에 갇혀 지내야 하는걸."

태현이가 퉁명스럽게 한마디 했어요.

그사이 우리는 타임머신 헬기에 도착했어요. 나는 서둘러 자리에 앉은 다음 찬찬히 조종석의 버튼을 살펴보았어요. 리셋 버튼을 보는 순간 삼촌과 마크 형이 나누던 이야기가 떠올랐어요.

"뭔가 잘못됐다 싶으면 리셋 버튼을 눌러! 그럼 무조건 처음 출발했던 곳으로 가도록 프로그램이 되어 있어."

나는 심호흡을 한 뒤 리셋 버튼을 눌렀어요.

"이제 집에 갈 수 있겠지?"

나는 마른침을 꿀꺽 삼켰어요.

위이 윙 하는 소리와 함께 타임머신이 움직이면서 회오리바람을 일으키자 나는 두 눈을 꾹 감았어요. 이제는 정말 집으로 돌아가면 좋겠다는 생각뿐이었답니다.

한눈으로 보는 아시아의 세계 유산

아시아는 세계에서 가장 큰 대륙이에요. 고대 문명의 발상지 네 곳 중 세 곳이 이곳에 있고 세계 전체 인구 10명 중 6명이 아시아에 살고 있지요. 현재 아시아에는 42개 나라 250여 개의 유산이 세계 유산에 등록되어 있답니다.

터키 파묵칼레
새하얀 석회석 덩어리가 만들어 낸 목화(파묵)의 성(칼레)

터키 카파도키아
버섯처럼 생긴 바위를 뚫어 만든 지하 도시

우즈베키스탄 사마르칸트
세계의 문화 교차로 역할을 한 역사 도시

이스라엘 예루살렘
유대교와 크리스트교, 이슬람교 등 세 종교가 모두 소중하게 여기는 성지

인도 타지마할
무굴 제국의 제5대 왕 샤 자한이 지은 무덤 궁전

스리랑카 담불라의 황금 사원
거대한 바위산 동굴 속에 있는 불교 사원

중국 자금성
중국의 수도 베이징에 있는 세계에서 가장 큰 궁전

중국 진시황릉
진나라 시황제의 무덤으로 능원 동문 밖의 거대한 병마용갱이 유명

일본 히로시마 평화 기념 공원
태평양 전쟁 당시 히로시마에 떨어뜨린 원자 폭탄으로 파괴된 건물의 유적

일본 히메지 성
하얀 백로가 날개를 펼치고 있는 것 같다고 해서 백로 성이라 불리는 성

캄보디아 앙코르 와트
동남아시아에서 가장 중요한 고고학 유적 중 하나로 세계에서 제일 큰 사원

인도네시아 보로부두르 사원
거대한 피라미드 모양의 세계 최대 불교 유적

세계 유산은 무엇이고 왜 소중하게 생각해야 할까?

죽은 사람이 남겨 놓은 돈이나 집, 땅 등의 재산 또는 앞 세대가 물려준 문화와 전통을 유산이라고 해요. 인류 조상들은 수백, 수천 년 동안 세계 곳곳에 수많은 유산들을 남겼어요. 이 유산을 보면 인류의 조상들이 무엇을 먹고 어떻게 살았는지 알 수 있지요. 이 중에는 세계적인 가치를 가지고 있는 것들도 많아요. 그런데 세월이 흐르면서 여러 가지 이유로 세계 곳곳의 유산이 파괴되고 있어요. 그래서 유네스코는 지구촌 조상들이 남긴 소중한 유산을 소중히 관리하여 후손에게 잘 물려주기 위해 세계 유산으로 등재한 뒤 보호하고 있답니다.

그렇다면 세계 유산을 선정하는 기준은 무엇일까요? 세계 유산은 크게 문화 유산과 자연 유산, 복합 유산으로 나눌 수 있어요. 문화 유산은 역사와 예술, 과학 분야에서 세계적인 가치를 지니고 있는 것을 말해요. 여기에는 옛 도시나 최고의 권력자인 왕과 왕비의 무덤, 그리고 아름답고 우아한 궁전 같은 건축물 등이 해당되지요.

자연 유산은 자연이 우리에게 준 유산이에요. 빼어난 자연 경관을 볼 수 있는 지역이나 선사 시대 생물의 흔적이 남아 있는 화석이 있는 곳, 멸종 위기 식물이나 동물이 모여 사는 서식지 등이 이에 속해요.

복합 유산이란 문화 유산과 자연 유산의 가치를 모두 가지고 있는 것을 말해요. 여기에는 중국의 타이산산과 황산, 페루의 마추피추 역사 보호 지구, 과테말라의 티칼 국립 공원, 그리스의 메테오라와 아토스산 등이 있답니다.

유네스코는 세계 유산 외에도 '세계 기록 유산'과 '세계 무형 유산'을 지정하여 보호하고 있어요. '세계 기록 유산'은 도서관이나 서고에 보관되어 있는 기록물들을 말하고, '세계 무형 유산'은 형태가 없는 유산을 말해요. 음악이나 연극은 형태가 없지만 이 또한 세계적인 가치가 있다면 세계 유산으로 등록이 된답니다.

하지만 전 세계가 아끼고 보존하기 위해 세계 유산 목록에 등재시켰다고 해서 그것으로 모든 일이 끝나는 것은 아니에요.

세월이 흐르면서 전쟁이나 자연재해, 특히 무분별한 개발과 사람들의 무관심 등으로 우리가 모르는 사이에 많은 유산들이 훼손되고 있어요. 자칫하다간 수천 년의 신비를 간직한 전 세계의 유산들이 사라질 위기에 처한 것이지요.

그러므로 유산을 가지고 있는 나라뿐만 아니라 전 세계인들이 하나가 되어 세계 유산을 소중하게 생각하고 세계 유산을 보호하기 위해 지속적으로 노력해 나가야 하지 않을까요?

여러분이 가장 가치 있다고 생각하는 세계 유산에는 어떤 것들이 있나요? 그것을 지키기 위해 우리가 어떤 노력을 해야 한다고 생각하나요?

바르게 고쳐 볼까요?

삼총사가 타지마할에 대한 이야기를 나누고 있어요. 다음 아이들이 하는 이야기를 잘 듣고 잘못된 정보는 올바르게 고쳐 보아요.

타지마할은 아름다운 궁전의 모습을 하고 있지만 무덤이야.

타지마할은 하얀색 대리석으로 만들었어.

타지마할을 지은 뒤 샤 자한은 검은 대리석으로 자신의 무덤도 만들었어.

준수

태현

새리

정답: 새리(샤 자한은 타지마할을 지은 뒤, 검은 대리석으로 자신의 무덤도 만들려고 했지만 아름답게 완성된 타지마할과 비교되지 않을까 봐 포기했어요.)

프랑스의 베르사유 궁전

회오리바람이 멈추자 나는 눈을 떴어요. 앗, 그런데 창밖으로 익숙한 궁전이 보였어요. 바로 베르사유 궁전이었죠.

"으악! 뭐야? 아직도 시간 여행 중이잖아?"

새리와 태현이도 창밖을 내다보았어요.

"저건 베르사유 궁전이야!"

"와, 소름! 이러다 집에 영영 못 가는 건 아니겠지? 준수야, 어떻게 좀 해 봐!"

태현이가 불안한 표정으로 모니터 주변의 버튼을 아무거나 이것저것 눌러 댔어요.

베르사유 궁전

프랑스에 있는 베르사유 궁전은 세계에서 가장 크고 화려한 궁전이에요. 겉모습뿐만 아니라 궁전 안의 모든 것들이 화려하고 아름답기로 유명해요. 베르사유는 원래 시골 마을이었지만 이 궁전이 세워진 이후부터는 자치권을 가지는 파리 외곽의 도시가 되었어요.

베르사유 궁전은 루이 14세에 의해 지어졌어요. 이 궁전에는 모두 700여 개의 방이 있는데 이 방들은 모두 대리석과 황금 그리고 화려한 로코코 양식의 거울로 장식되어 있지요. 로코코 양식은 조개껍데기 모양의 장식이라는 뜻의 프랑스어 '로카유(rocaille)'에서 나온 말로, 복잡한 소용돌이, 덩굴무늬, 꽃무늬 따위의 곡선 무늬에 담채(淡彩, 엷은 채색)와 금빛을 함께 사용하였어요. 특히 궁전 2층에 있는 거울의 방은 무척 사치스럽고 화려하답니다.

프랑스의 베르사유 궁전

"함부로 누르지 마! 큰일 나!"

내가 말렸지만 태현이가 어느새 버튼을 누른 뒤였어요.

뚜우 하는 기계음과 함께 삼촌의 연구실 조교인 마크 형의 목소리가 흘러나왔어요.

"박사님! 박사님이세요?"

"형? 나 준수야!"

"준수 네가 왜 타임머신 헬기에 있는 거니?"

"그렇게 됐어. 형, 리셋을 눌렀는데 왜 시간 여행이 계속되는 거지?"

"네가 탄 헬기는 세계 유산을 돌아보는 타임머신이야. 컴퓨터 시스템에 의해 자동으로 세팅이 되어 있을걸?"

"그럼 세계 유산을 모두 둘러봐야 집으로 갈 수 있다는 거야?"

"그건 나도 몰라. 박사님이 아실 텐데 지금 연락이 안 돼."

그때 엔진에 빨간 불이 들어오며 경고음이 울리기 시작했어요.

"준수야, 시간 터널에 문제가 생긴 거 같아. 방법을 찾으면 연락 줄게. 일단 끊어 봐."

마크 형과의 통신은 그렇게 끝나 버렸어요.

우리는 마크 형의 연락을 기다리기로 했어요. 하지만 1시간이 넘도록 마크 형과 연락이 되지 않았어요.

새리와 태현이가 화장실을 가겠다며 헬기 밖으로 나갔어요. 그런데 한참이 지나도 오지 않는 거예요. 걱정이 된 나는 아이들을 찾으러 나갔어요.

그때 커다란 나무 근처에서 태현이의 울음소리가 들렸어요. 달려가 보니 태현이가 온몸을 부들부들 떨고 있었어요. 글쎄 똥을 밟은 태현이가 신발을 닦느라 쩔쩔매고 있지 뭐예요.

"무슨 궁전 정원에 똥이 이렇게 많아?"

"옛날 유럽에서는 길가에 똥을 버렸다고 하더니, 진짜였나 봐. 궁궐도 예외는 아니구나."

"진짜? 헐!"

우리가 수다를 떨고 있을 때 뒤편에서 사람들의 고함 소리가 들려왔어요. 뒤를 돌아보니 사람들이 낫과 칼을 들고 어디론가 달려가고 있었어요.

새리가 깜짝 놀라며 말했어요.

"난리라도 났어? 저 사람들 어디로 몰려가는 거야?"

"루이 16세와 왕비를 잡으러 가는 것 같아."

"루이 16세라면 프랑스의 왕이잖아. 왕을 왜 잡아?"

"시민들이 들고일어난 거지. 시민들은 배가 고파 죽든 말든 왕과 귀

준수의 상식 노트

베르사유 궁전에는 화장실이 없다?

베르사유 궁전은 유럽의 궁전 중 가장 아름답고 화려하기로 소문난 궁전인데 루이 14세 시절에는 화장실 수가 적어서 궁전에 사는 사람들은 휴대용 변기를 이용하거나 근처 숲속에서 볼일을 봤어요. 그래서 아름다운 궁전에는 오물이 넘쳤고 귀족들은 냄새를 없애기 위해 향수를 뿌렸다고 해요. 이는 루이 15세 때 수세식 화장실을 설치하면서 어느 정도 해결되었지만 프랑스 혁명 이후 19세기에 궁전을 박물관으로 변경하면서 다시 화장실을 없애 버렸어요.

족들은 매일 아름다운 궁전에서 파티를 즐기며 살았대. 그러다 나랏돈이 떨어지니까 시민들에게 세금을 더 내라고 한 모양이야."

"왕과 왕비가 아직까지 궁전에 있겠어? 벌써 도망갔겠지."

태현이의 말을 듣는 순간 퍼뜩 궁전 뒤뜰에 세워 둔 헬기가 떠올랐어요.

"애들아, 우리 헬기가 궁전 뒤뜰에 있잖아! 성난 시민들이 발견하면 우리 헬기를 박살 낼지도 몰라."

"맞다! 빨리 가자!"

우리는 궁전을 향해 달렸어요. 그런데 아무리 찾아봐도 헬기가 보이지 않았어요. 우리는 목을 길게 빼고 헬기를 찾아다녔어요. 그때 하얀 천으로 얼굴을 가린 남자가 성큼성큼 우리 앞을 가로막았어요. 그리고는 위압적인 목소리로 물었죠.

"뭐 하는 녀석들이지? 옷차림도 생김새도 여기 사람이 아닌데."

그런데 남자의 목소리가 어디선가 들어 본 목소리 같았어요.

"삼촌? 삼촌 맞죠? 저 준수예요!"

"너는 누구지? 삼촌? 너, 나를 아니?"

"그럼요! 나잘난 박사잖아요! 타임머신을……."

내 말이 끝나기도 전에 남자가 복면을 벗었어요. 정말로 복면 남자는 다름 아닌 우리 삼촌이었어요. 나는 삼촌에게 달려가 안겼어요. 그런데 삼촌이 나를 몰라보는 거 있죠? 게다가 어느 사이에 덥수룩하게 수염이

자라 있지 뭐예요.

"내가 나잘난인 건 맞는데 나는 조카가 없단다. 정말 내 조카 맞니?"

"물론이죠!"

나는 할아버지 성함과 아버지 이름, 고향 등 여러 가지를 말했어요. 그제야 삼촌이 알겠다는 표정으로 고개를 끄덕였어요.

"너는 내가 사는 시대보다 더 미래에서 온 모양이구나. 그러고 보니 얼마 전 형수님이 임신하셨다는 소식을 들었는데……. 그렇군, 네가 바로 미래의 내 조카로구나."

삼촌은 고개를 끄덕이더니 우리를 근처 풀숲으로 안내했어요.

그곳에는 우리가 타고 온 헬기가 덤불로 숨겨져 있었어요. 그런데 그 옆에 우리 헬기와 똑같이 생긴 헬기가 또 한 대 있었어요.

삼촌은 시간 여행 중에 헤어진 친구를 찾아 베르사유 궁전까지 왔다고 했어요. 그런데 궁전 근처에서 우리가 탄 헬기를 발견하고 사람들 눈에 띄지 않게 근처 풀숲에 숨겨 놓았다고 했어요.

삼촌은 우리와 함께 헬기에 탔어요. 집으로 돌아가고 싶다는 우리를 위해 타임머신의 프로그램을 손봐 주기로 했거든요.

헬기 이곳저곳을 살피던 삼촌이 한마디 했어요.

"이걸 미래의 내가 설정했다고? 이건 시간 여행 일정이 처음부터 끝까지 세팅되어 있구나. 프로그램에 세팅된 일정이 끝나야 시간 여행이 끝난다는 의미인데, 왜 미래의 나는 이런 프로그램을 만들었을까?"

삼촌이 고개를 갸웃거렸어요.

"그럼 세계 유산 탐험 여행이 끝나야 집으로 돌아갈 수 있다는 말인가요? 다른 방법이 없어요?"

"방법이 하나 있긴 있어. 타임머신의 좌표를 바꾸는 것이지."

삼촌이 이렇게 말하며 타임머신 프로그램을 만지기 시작했어요.

"일단 집으로 갈 수 있도록 좌표를 고쳐 두었지만 시간의 터널을 지나면서 오작동을 일으키면 새 프로그램이 작동하지 않을 수도 있어. 하지만 걱정 마라! 시간의 터널이 열리기 30분 전에 이 카드 키가 반짝이게 해 두었으니까 30분 안에 헬기에만 타면 아무 일 없이 집으로 돌아갈 수 있을 거야."

잠시 후 카드 키가 반짝이기 시작했어요.

나는 과거의 삼촌과 작별 인사를 했어요. 그리고 우리가 탄 헬기는 다시 시간의 터널 속으로 들어갔어요. 회오리바람이 불자 나는 눈을 질끈 감고 이번에야말로 집에 돌아갈 수 있기를 빌었어요.

러시아의 크렘린 궁전과 붉은 광장

'쿵' 하고 헬기가 잠시 흔들렸어요. 기도하다 깜박 잠이 들었던 나는 정신을 차리고 밖을 내다보았어요. 이번엔 저 멀리 양파 머리 지붕을 한 성당이 보였어요.

"저건 또 뭐야? 또 집에 못 간 거야?"

내 말에 새리가 냉큼 밖을 내다보았어요.

나는 아직도 시간 여행 중이라는 사실에 실망했어요. 언제 왔는지 새리가 내 어깨를 토닥여 주었어요.

"걱정 마. 우린 안전하게 집에 돌아갈 수 있을 거야. 삼촌한테 물어

봤는데 우리가 있는 이곳은 또 다른 시간대래. 그래서 시간 여행이 끝나면 출발했던 곳으로 돌아갈 수 있대. 말하자면 우린 여기서 1년을 보내도, 1년 전 집으로 무사히 돌아갈 수 있는 거지. 이왕에 이렇게 된 거 멋지게 시간 여행을 해 보는 건 어때?"

새리의 말에 나는 고개를 끄덕였어요.

새리 말대로 지금 상황은 내가 두려움을 가질 필요가 없었어요. 타임 머신에 세팅된 일정이 끝나면 우리는 집으로 돌아갈 수 있거든요.

때마침 새리의 배에서 '꼬르륵' 하고 요란한 소리가 들렸어요. 새리가 어쩔 줄 몰라 하며 나를 쳐다보았지요.

"너 배고프구나?"

내 말에 새리는 대답 대신 엄지와 검지 두 손가락을 모아 '조금'이라는 제스처를 해 보였어요.

우리는 사람들 눈에 띄지 않게 헬기를 잡풀로 가려 놓은 뒤, 먹을 것을 구하기 위해 농가로 향했어요. 다행히 첫 번째 집에서 마음씨 좋게 생긴 아주머니가 우리에게 빵을 나누어 주었어요.

빵을 들고 헬기로 향하던 우리 눈에 길에서 구걸을 하는 아저씨가 보였어요. 아저씨는 눈이 보이지 않는 듯 주저앉아 허공을 쳐다보며 사람

들에게 구걸을 하고 있었지요. 뒤따라오던 새리가 내 옷자락을 붙잡았어요.

"준수야, 좀 나눠 드리자!"

"그러자! 한 덩어리는 우리 셋이 나눠 먹으면 되니까 이걸 드리자."

우리는 빵 한 덩어리를 아저씨 손에 쥐어 드렸어요.

"아저씨, 이거 드세요!"

"고맙구나! 그런데 애들아, 빵은 됐고 내 부탁 하나 들어주지 않을래? 나를 크렘린 궁전 앞 광장으로 데려다주렴."

아저씨가 간곡한 표정으로 우리를 바라보았어요.

"크렘린 궁전 앞에 있는 광장이라면 붉은 광장인데."

내가 눈을 크게 뜨며 말했어.

"그건 어떻게 아니? 너 러시아에 와 봤어?"

새리가 내 옆구리를 쿡 찌르며 물었어요.

"아니, 삼촌한테 들었어. 얼마 전 삼촌이 시간 여행을 다녀오신 곳이 바로 러시아였거든."

내 말에 새리가 고개를 끄덕였어요.

우리는 물어물어 붉은 광장으로 향했어요.

잠시 후 드넓은 광장이 나타났어요.

"난 붉은색으로 뒤덮인 광장인 줄 알았는데 그냥 넓은 광장이네."

크렘린 궁전

크렘린은 러시아어로 '성벽'이라는 뜻이에요.
러시아 사람들은 12세기 중엽, 강 언덕 높은 곳에 성벽을 쌓아 요새를 짓기 시작했는데 그 후 크렘린을 중심으로 사람들이 모여 살았어요.
크렘린은 2.25㎞의 성벽과 20개의 성문을 갖추고 있으며 내부에는 여러 시대 양식의 궁전과 수많은 교회, 성당이 자리 잡고 있어요.
현재의 크렘린 궁전은 모스크바강을 따라 한 변이 약 700m의 삼각형을 이루고, 높이 9~20m, 두께 4~6m의 벽으로 둘러싸여 있어요. 장식적인 성벽의 첨탑, 피라미드형 탑, 북동쪽 레데멜문의 시계탑 등은 17세기에 증축된 건물이지요.

러시아의 크렘린 궁전

새리가 입을 삐죽이며 중얼거렸어요.

"다 왔구나!"

아저씨의 목소리가 떨리는 것 같았어요. 나는 붉은 광장 주변의 아름다운 건축물들을 넋을 잃고 바라보았어요.

"저 양파 머리 지붕 좀 봐! 저기가 궁전일까? 꼭 동화 속에 나오는 궁전처럼 화려하고 아름다워."

와…

와~ 너무 아름다워요

우아~ 가까이서 보니까 더 엄청나네

붉은 광장에 붉은색이 없다?

붉은 광장은 러시아 모스크바의 크렘린 궁전 북동쪽에 있는 넓은 광장이에요. 이 광장은 15세기만 해도 상인들이 물건을 사고파는 곳이었다고 해요. 물론 군사들이 행진을 하기도 하고, 정치범이나 흉악범을 시민들 앞에서 처형하기도 했답니다.

이 광장이 붉은 광장으로 불리게 된 것은 17세기 후반부터예요. 그런데 붉은 광장은 붉은색으로만 이루어진 곳이 아니에요. 러시아 옛말에서 '붉다'는 아름답다는 뜻으로 러시아 사람들은 아름다운 광장이라는 뜻에서 '붉은 광장'이라고 불렀답니다.

러시아의 붉은 광장

출발, 시간 여행! 유네스코 세계 문화유산

"그건 궁전이 아니라 성 바실리 성당이란다. 이반 4세가 몽골을 이긴 기념으로 지었지."

아저씨가 얼굴 가득 미소를 지은 채 말했어요.

"아저씨, 이 성당을 보신 적 있으세요? 사람들이 그러는데 이 성당은 완공된 지 얼마 되지 않았다고 하던데요."

새리의 말에 아저씨가 고개를 끄덕이며 말했어요.

"아무렴! 보고말고! 성당 구석구석을 나만큼 잘 알고 있는 사람도 없을걸?"

"아저씨, 그 말은 지금 시력을 잃으신 지 얼마 되지 않으셨다는 말인가요?"

새리의 날카로운 질문에 아저씨가 겁에 질린 표정을 지으며 대답을 피하더니 화제를 돌렸어요.

"어디까지 이야기했지? 아, 맞다! 얘들아, 조금 있으면 성당을 지키는 병사들이 교대를 할 거야. 그때 나를 성 바실리 성당 안으로 데려다 줄 수 있겠니?"

우리는 아저씨를 성 바실리 성당 입구로 모시고 갔어요. 성당 입구에는 군사 두 명이 있었어요. 군사들은 우리가 가까이 있는 줄도 모른 채 대화를 나누었지요.

"자네, 그 소문 들었나? 황제가 이 성당을 지은 건축가의 눈을 못 보게 만들었다는군."

"무슨 그런 말도 안 되는 소리를 하고 그러나?"

"말이 안 되긴! 성 바실리 성당처럼 아름다운 건물을 다른 곳에 짓지 못하게 하려고 그랬다는 소문이 있던걸."

"에끼, 이 사람아. 누가 들으면 큰일 날 소리를 하고 있어."

군사들은 그 뒤로도 한참 동안 겁먹은 표정으로 수군거렸어요.

잠시 후 군사들이 잠시 자리를 비우는 틈을 타서 우리는 아저씨를 성당 안으로 모시고 들어갔어요.

아저씨는 무릎을 꿇고 바닥에 앉아 한참 동안 기도를 했지요.

"애들아, 너희들은 그만 돌아가거라. 오늘 너무 고마웠다."

"아저씨는 같이 안 가세요?"

"난 이곳에 좀 더 있고 싶구나. 이 아름다운 건물을 마음의 눈으로라도 마음껏 보고 싶은 마음이란다."

그때 성당 앞에서 사람들이 웅성거리는 소리가 들렸어요.

"어서 가거라! 여기는 일반인 출입 금지 지역이라 군사들에게 잡히면 괜히 시끄러워져."

아저씨의 말에 우리는 작별 인사를 하고 뒷문으로 나왔어요.

때마침 내 목에 걸려 있던 카드 키가 반짝이기 시작했어요. 30분이 다 되어 간다는 신호였지요. 나와 새리는 허겁지겁 헬기로 달려갔어요. 그리고 아슬아슬하게 헬기에 올라탔지요.

헬기가 시간의 터널 속으로 들어갈 무렵, 나는 퍼뜩 태현이가 헬기 안에 없다는 것을 알았어요.

"태현이가 안 탔어!"

"정말 태현이가 없네? 어서 헬기를 멈춰!"

새리가 소리쳤어요. 나는 삼촌이 알려 준 대로 재빨리 브레이크 장치를 잡아당겼어요. 그런데 설상가상 브레이크 장치가 부러져 버리지 뭐예요?

그러자 푸른 물결이 출렁거리더니 우리가 탄 헬기를 집어삼켜 버렸어요. 위이잉 하는 소리와 함께 헬기가 빙글빙글 돌기 시작했어요.

"으아아악!"

나와 새리는 그대로 정신을 잃고 말았어요.

그리스의 아크로폴리스

삑, 삐이익 하는 기계음 소리에 겨우 정신을 차렸어요. 머리가 깨질 듯이 아파 왔어요. 겨우 정신을 차린 나는 자리에서 일어났어요. 아직도 하늘이 빙글빙글 도는 것처럼 어질어질했어요.

"여긴 또 어디야?"

"준수야! 저기 좀 봐!"

새리가 모니터를 가리켰어요.

지지직 하는 소리와 함께 모니터 화면이 켜졌어요.

"맙소사! 태현이야! 태현이!"

새리가 모니터 앞으로 뛰어갔어요.

화면 속에서 삼촌이 우리에게 뭐라고 했어요. 하지만 무슨 일인지 소리가 들리지 않았어요.

"삼촌이 태현이를 구조했나 봐! 그런데 소리가 안 들려서 뭐라고 하는지 알 수가 없어."

"준수야, 좋은 생각이 났어."

새리가 볼펜을 흔들며 말했어요.

새리는 빈 종이에 '소리가 안 들려요!'라고 적었어요. 그러자 태현이가 종이에 뭔가를 적더니 들어 보였어요. 삼촌과 함께 있으니 걱정하지 말라는 내용이었어요. 삼촌은 태현이와 만날 장소의 좌표와 시간을 알려 주었어요. 그렇게 우리는 한참 동안 삼촌과 어떻게 만날 것인지 얘기를 주고받았어요.

얘기가 끝난 뒤, 나는 삼촌이 알려 준 좌표를 컴퓨터에 입력했어요.

"삼촌이랑 자유의 여신상 앞에서 만나기로 했어."

"잘됐다! 그럼 태현이와 함께 집으로 돌아갈 수 있는 거지?"

"응! 그런데 남는 시간 동안 뭐 하지? 이제 막 도착해서 다음 여행지로 가려면 시간이 한참 남았는데."

"밖에 나가서 세계 유산 구경이나 하는 건 어때? 어차피 타임머신 헬기가 출발 준비되면 카드 키가 신호를 보내 주잖아."

나와 새리는 밖으로 나왔어요. 밖은 짙은 안개에 싸여 있었어요. 그래서 사방이 잘 보이지 않았지요.

"조심해! 여기 낭떠러지야!"

새리의 말에 나는 조심스럽게 다가갔어요. 언덕 아래로 도시가 한눈에 보였어요. 순간 퍼뜩 떠오르는 생각이 있었어요.

"여기가 어딘지 알 수 있을 것 같아! 내 짐작이 맞는다면 여긴 아크로폴리스일 거야."

아크로폴리스 파르테논 신전

그리스의 고대 도시인 아테네 한가운데에는 아크로폴리스라는 언덕이 있어요. 이곳에서 가장 유명한 신전은 파르테논 신전이에요. 이 신전은 아테네의 수호신인 아테나 여신을 모시기 위해서 지어졌는데, 46개의 거대한 기둥이 눈길을 사로잡는답니다.

이 외에도 에레크테이온 신전, 므네시클레스가 설계한 기념 조각 형태의 아크로폴리스 신전 입구인 프로필라이온, 그리고 작은 규모의 아테나 니케 신전 등이 매우 중요한 기념물로 인정받고 있어요.

그리스 아테네의 아크로폴리스 언덕에 있는 파르테논 신전

2장 유럽의 세계 유산

"그걸 어떻게 아니?"

새리가 샐룩한 표정을 지었어요.

"이 헬기는 세계 유산을 찾아가는 타임머신이라고 했잖아. 세계 유산 중 이렇게 높은 곳에 도시를 지은 나라 중 하나가 고대 그리스였어."

"그렇구나. 아크로폴리스는 어떤 도시였어? 왜 그리고 세계 유산이 되었지?"

"아크로는 '높은', 폴리스는 '도시 국가'라는 뜻이래."

와, 아크로폴리스!

"음. 그러니까 아크로폴리스는 '높은 곳에 세워진 도시'네?"

"맞았어. 아크로폴리스는 아테네가 한눈에 내려다보이는 언덕에 있는데 이곳에 고대 그리스의 신화와 종교 유적이 있대. 여기 어디 신전이 있을 거야. 가 보자."

나는 조심스럽게 안개를 헤치며 도시의 중앙 쪽으로 걸어갔어요.

에레크테이온 신전

이오니아식의 대표적인 신전으로 파르테논과 같이 아크로폴리스 언덕 위에 있으며 기원전 421년 건축가 필로클레스의 지도 하에 기공되어 기원전 393년경에 완성되었어요.

아테나, 포세이돈, 에릭토니우스 등 세 명의 신을 모시는 신전으로 파르테논 신전 뒤쪽에 있어요. 이 신전은 신전을 받치고 있는 남쪽 벽의 여인 조각상으로 유명하답니다. 이 건축물은 아테네 최성기 최후의 걸작이라고 평가받고 있어요.

에레크테이온 신전

내 짐작대로 안개 사이로 거대한 기둥들이 보였어요. 곧 웅장한 신전이 모습을 드러냈어요.

"이게 바로 파르테논 신전이구나!"

"파르테논 신전?"

"응! 파르테논 신전은 지혜의 여신인 아테나를 모시던 신전이야. 유네스코의 공식 마크가 바로 이 파르테논 신전의 모양을 따온 거래."

"그러고 보니 우리 헬기에 그려진 마크와 신전 모양이 비슷해. 진짜 신기하다."

새리가 신이 난 듯 신전을 둘러보았어요. 그리고 잠시 후 뭔가를 보고 놀란 듯 걸음을 멈추었어요.

"무슨 일인데 그래?"

나는 재빨리 새리 옆으로 갔어요. 새리는 신전을 받치고 있는 여인 조각상에 눈을 떼지 못하고 있었어요.

그때 갑자기 신전 뒤쪽에서 웅성거리는 소리가 들려왔어요.

"이게 뭘까요? 새 같기도 하고 괴물 같기도 하고."

"옆에 파르테논 신전 그림이 그려져 있어요. 이게 무슨 일이래요?"

사람들이 웅성거리며 뭔가를 보고 있었어요.

나와 새리는 사람들 사이를 비집고 들어갔어요. 그랬더니 우리가 타고 왔던 헬기가 그곳에 있지 뭐예요? 그리스 사람들이 우리 헬기를 발견하고 신전 앞으로 끌고 온 모양이었어요.

그때 하얀 옷을 입은 남자가 기다란 지팡이로 헬기를 두드리기 시작했어요. 헬기가 망가지면 집에 영영 돌아갈 수 없다고 생각하니 내 심장이 얼어붙는 것 같았어요.

나와 새리는 사람들이 우리 헬기를 건드리지 못하게 해야겠다고 생각했어요. 하지만 좋은 방법이 떠오르지 않았죠.

그때 카랑카랑한 소리가 들렸어요.

"모두들 물러나시오! 저건 신의 계시요!"

사람들이 소리가 나는 쪽으로 고개를 돌렸어요. 그러자 제사장 옷차림의 남자가 걸어왔어요.

"그럼 신탁을 받은 거란 말인가요?"

"그렇소! 신탁을 주신 아테나 여신께 감사의 기도를 올립시다!"

남자의 말에 구경하던 사람들이 헬기를 향해 기도하기 시작했어요.

때마침 내 목에 걸린 카드 키가 반짝였죠.

"서두르자."

새리가 내게 귓속말로 소곤댔어요.

나와 새리는 사람들이 기도하고 있는 틈을 타서 헬기 안으로 들어갔어요. 그리고 버튼을 눌렀지요.

위이잉 하는 소리와 함께 헬기가 공중으로 붕 떠올랐어요. 시끄러운 소리에 놀란 사람들이 공포에 질린 표정으로 우리 헬기를 올려다보았어요.

"빨리, 빨리!"

나는 혹시라도 사람들이 우리가 탄 헬기를 공격할까 봐 마음을 졸였어요. 그런데 내 걱정과는 달리 헬기가 공중으로 뜨는 모습에 사람들이 모두 고개를 조아리고 기도를 올렸어요. 그사이 헬기는 순식간에 시간의 터널 안으로 들어갔답니다.

"됐어! 이제 됐다고!"

나는 기뻐서 소리를 질렀어요.

한눈으로 보는 유럽의 세계 유산

유럽은 아시아의 서쪽에 있는 대륙으로 세계에서 두 번째로 작은 땅이에요. 이곳에는 정치와 경제, 문화 등이 발달한 나라들이 많이 모여 있어요. 그래서 다양하고 유서 깊은 세계 유산들이 많이 남아 있어요.

영국　스톤헨지
영국 솔즈베리 지방에 있는 고대의 거석 기념물

영국　웨스트민스터 사원
예로부터 영국 왕의 대관식 등 왕실 행사가 치러지던 거대한 성당

프랑스　베르사유 궁전
바로크 양식의 건물로 호화롭기로 유명

독일　쾰른 대성당
프랑스의 아미앵 성당을 본떠 만든 세계에서 세 번째로 높은 독일의 성당

프랑스　몽생미셸 수녀원
708년 아브랑슈의 주교가 천사 미카엘의 계시를 받아 지은 수녀원

이탈리아　폼페이
화산 폭발로 사라졌다고 알려진 이탈리아의 고대 도시

폴란드 아우슈비츠 수용소
제2차 세계 대전 당시 나치가 폴란드의 정치범들과 유대인들을 가둬 놓고 학살했다고 알려진 수용소

러시아 크렘린 궁전과 붉은 광장
모스크바 강가에 있는 옛 러시아 제국 시절의 궁전

네덜란드 킨더데이크 엘샤우트 풍차망
네덜란드에 있는 풍차 마을

체코 프라하 역사 지구
중세 시대에 지어진 건물과 수많은 탑이 있는 유적지

오스트리아 쇤부른 궁전
오스트리아의 합스부르크 가문 사람들이 여름 궁전으로 사용하던 곳

그리스 델포이 신전
제우스의 아들인 아폴론이 신탁을 내리는 신전

그리스 아테네의 아크로폴리스
그리스의 수도인 아테네에 세워진 도시

부끄러운 세계 유산도 등록되어야 할까?

군함도는 일본 나가사키현 나가사키항에서 남서쪽으로 약 18㎞ 떨어진 곳에 있는 섬이에요.

19세기 후반 석탄을 채굴하기 위해 개발되었고, 1940년대 수많은 조선인들이 강제 징용당한 곳이기도 하지요. 1974년 폐광되면서 현재 무인도로 남아 있는데, 섬의 모양이 일본 해군 전함과 닮아 '군함도'라고 불려요. 2015년 7월 5일 제39차 세계 유산 위원회의에서 일본이 신청한 '메이지 산업 혁명 유산: 철강, 조선, 탄광'이 세계 문화 유산으로 최종 등재됐어요. 그러나 놀랍게도 이 유산에는 조선인 5만 7900여 명이 강제 동원됐던 군함도 안의 하시마 탄광, 나가사키 조선소 등 7개 시설이 포함되었지요. 1940년대 강제로 동원된 800여 명의 한국인들이 군함도에서 12시간 이상 강제 노동을 하다가 약 20% 이상이 목숨을 잃었다고 해요.

하지만 일본은 군함도와 관련된 역사를 왜곡하고 산업 혁명을 홍보하면서 강제 징용이나 가혹한 노동은 없었다는 증언들을 쏟아 냈지요. 이에 우리 정부는 즉각 유네스코에 서한을 보내 세계 문화 유산 지정 취소를 요구했어요. 이에 유네스코의 자문 기관이 시설의 전체 역사를 알 수 있도록 하라고 일본에 권고했지만 일본은 무책임하게 방치하고 있는 상황이에요.

군함도는 과연 세계 유산으로 등록되어야 할까요?

유네스코는 보편적 가치를 들어 세계 유산 등재를 하지만 군함도처럼 세계

군함도

유산 등재에 있어 문제 제기를 하는 사례가 늘어나고 있다고 해요. 군함도는 우리 민족에게는 강제 징용과 가혹한 노동이 있었던 군국주의의 산물이지만, 일본에게는 '메이지 시대 산업 혁명의 유산'이자 석탄 산업의 대표적 시설이에요.

독일에는 아우슈비츠 비르케나우-독일 나치 강제 수용소 및 집단 학살 수용소(1940~1945)가 있어요. 나치 독일이 폴란드를 점령한 뒤 세워 유대인과 폴란드인 등을 가두고 대량 학살을 한 강제 징용의 상징물이지만 유네스코의 세계 문화 유산에 등재되어 있지요. 독일의 강제 수용소가 '강제 징용의 상징물'로 유네스코에 등재되었듯이 군함도도 근대화를 추앙하는 유물만이 아닌 근대화를 위해 희생된 '강제 징용의 상징물'로 세계 유산에 공식으로 등재가 된다면, 부끄러운 세계 유산도 세계 유산으로서의 가치가 충분히 있지 않을까요?

우리나라 문화유산 중에 부끄럽지만, 기억해야 할 역사적 유산에는 무엇이 있는지 친구, 부모님과 함께 이야기 나누어 보세요.

2장 유럽의 세계 유산

맞혀 볼까요?

유럽의 세계 유산에는 무엇이 있을까요?
아래 그림과 설명을 보고 어떤 문화재인지 맞혀 보세요.

1

대리석과 황금, 로코코 양식의 거울로 장식되어 있는 세계에서 가장 크고 화려한 프랑스의 궁전은?

2

러시아의 수도 모스크바의 중심을 흐르는 모스크바 강가에 있는 옛 러시아 제국 시절의 궁전은?

3

파르테논 신전과 아테나 니케 신전 등이 있는 그리스의 고대 도시는?

4

모스크바 붉은 광장의 남쪽에 있는 양파 모양 지붕으로 유명한 성당은?

정답: ❶ 베르사유 궁전 ❷ 크렘린 궁전 ❸ 아크로폴리스 ❹ 성 바실리 대성당

다른 나라의 문화재는 반환해야 할까?

3장 아메리카의 세계 유산

미국 자유의 여신상

잠시 후 저 멀리 자유의 여신상이 보였어요. 나는 믿을 수가 없었어요.
"저것 봐! 자유의 여신상이야!"
"정말이네? 우와!"
나와 새리는 창밖으로 자유의 여신상을 보는 순간 서로 얼싸안고 기뻐했어요.
헬기가 완전히 멈추자 우리는 밖으로 뛰어나갔어요.
"찰칵, 찰칵!"
자유의 여신상 앞에서 사람들이 인증 샷을 찍고 있었어요.
"정말 어마어마하게 큰걸! 그런데 자유의 여신상은 왜 책을 들고 있

자유의 여신상

미국 뉴저지주의 리버티섬에 있는 조각상이에요. 이 조각상은 1884년 프랑스가 미국 독립 100주년을 기념하여 선물한 것이에요. 왼손에는 독립 선언서, 오른손에는 횃불을 들고 있는 자유의 여신상은 프랑스의 조각가 바르톨디가 자신의 어머니를 모델로 만들었다고 해요. 횃불까지의 높이가 약 46m, 무게는 약 250t에 이르지요. 이 조각상은 미국과 뉴욕의 상징물로 1984년 세계 문화유산에 등록되었어요.

사실 원래의 명칭은 '세계를 바치는 자유'예요. 겉으로 보기엔 그냥 동상처럼 보이지만 내부에 계단과 엘리베이터가 설치되어 있어서 여신상의 왕관 부분까지 올라가 뉴욕을 내려다볼 수 있답니다.

원래는 구리의 붉은빛을 띠고 있었는데, 공기 중에서 서서히 산화하여 지금과 같이 푸른빛을 띠게 된 거라고 해요. 1985년 수리를 하면서 횃불만 도금을 해서 황금빛을 띠고 있지요.

미국 자유의 여신상

출발, 시간 여행! 유네스코 세계 문화유산

는 거야?"

새리가 입을 벌린 채 자유의 여신상을 바라보았어요.

"진짜 모르는 거니? 아니면 모르는 척하는 거니?"

"모를 수도 있지. 넌 이 세상일을 전부 다 알아?"

새리가 해맑은 표정으로 대꾸했어요.

"자유의 여신상이 오른손에 든 것은 횃불이고, 왼손에 든 것은 미국의 독립 선언서야. 이 여신상은 미국의 독립을 기념하기 위해 프랑스에서 선물했는데, 성공을 꿈꾸며 미국을 찾는 많은 사람들에게 자유와 희망의 상징이 되고 있대."

"그렇구나! 삼촌이랑 태현이는 어디서 만나기로 했어?"

"2시에 자유의 여신상 앞에서 만나기로 했어."

"그럼 어서 가자."

우리는 자유의 여신상이 가장 잘 보이는 곳으로 갔어요. 그러고는 주위를 두리번거리며 혹시 삼촌이나 태현이가 오는지 살폈어요.

"이렇게 많은 사람들 틈에서 태현이랑 삼촌을 어떻게 찾는담?"

"걱정 마! 태현이랑 삼촌은 동양인이라 금세 눈에 띌걸!"

새리가 큰소리를 쳤어요. 하지만 1시간이 지나도록 삼촌과 태현이의 모습이 보이지 않자 새리의 얼굴은 금세 실망감으로 일그러졌어요.

"준수야, 설마 자유의 여신상이 여기 말고 다른 나라에 또 있는 건

아니겠지?"

새리가 눈을 게슴츠레 뜨며 중얼거렸어요.

"걱정 마셔! 분명히 뉴욕에 있는 자유의 여신상에서 만나자고 했어."

"그럼 오늘 만나기로 한 거 맞아?"

"그래! 1월 1일 오후 2시에 만나기로 했다니까. 난 삼촌이 알려 준 좌표를 잘 입력했으니까 맞겠지! 조금만 더 기다려 보자."

여기저기 돌아다니면 혹시 삼촌이 우리를 못 보고 그냥 지나쳐 버릴까 봐 같은 자리에서 계속 삼촌을 기다렸어요.

준수의 상식 노트

자유의 여신상이 다른 나라에도 있다?

자유의 여신상은 뉴욕 말고 파리와 도쿄에도 있어요. 이게 어떻게 된 거냐고요?
파리 센강에 위치한 자유의 여신상은 파리에 사는 미국인들이 프랑스 혁명 100주년을 기념해서 선물한 거예요. 일본 오다이바 공원에도 자유의 여신상이 있는데, 이건 프랑스 정부의 허락을 받아 만든 복제품이랍니다. 1998년부터 1999년까지 1년 동안 프랑스의 자유의 여신상을 빌려서 전시했는데, 그때 워낙 많은 사랑을 받아서 허가 신청을 받고 만들어 세운 것이지요.

출발, 시간 여행! 유네스코 세계 문화유산

그렇게 2시간이 지나자 슬슬 걱정이 되기 시작했어요.

"준수야, 오늘이 1월 1일 맞아? 날짜가 틀린 거 아닐까? 사람들한테 물어보자."

새리가 말했어요.

때마침 금발 머리를 한 누나가 우리 앞을 지나가고 있었어요.

"언니! 실례지만 지금 몇 시인가요?"

새리의 질문에 금발 누나가 손목시계의 버튼을 눌렀어요. 그러자 공중에 홀로그램 화면이 나타났어요.

"헐! 새로 나온 스마트폰인가? 언제 저런 게 나왔지?"

나는 신기한 마음에 금발 머리 누나 곁으로 가까이 갔어요.

"오후 3시야."

금발 머리 누나가 시계를 보며 말했어요.

"언니, 오늘이 1월 1일 맞나요?"

"맞아! 2134년 1월 1일."

금발 머리 누나의 말에 나와 새리의 눈이 동시에 커졌어요.

"네? 방금 뭐라고 하셨어요? 지금이 2134년이라고요?"

"그래! 어제가 2133년의 마지막 날이었고 오늘이 2134년이야."

금발 머리 누나가 고개를 갸웃거리며 나와 새리를 번갈아 보았어요.

나는 길거리를 다니는 사람들을 자세히 살펴보았어요. 사람들은 하

나같이 홀로그램을 화면에 공중에 띄워 놓고 사진을 찍고 있었어요.

"오 마이 갓!"

그제야 나는 이해가 되었어요. 나와 새리는 100년 후 미래 세계에 와 있었던 거예요.

나는 삼촌과 내가 날짜와 시간만 정하고 연도를 정하지 않았다는 사실을 깨달았어요.

"준수야, 우리 이번에는 미래로 왔나 봐! 이제 어쩌지?"

새리가 내 귀에 가만히 속삭였어요.

"어쩌긴! 헬기로 가서 삼촌과 연락할 방법을 찾아보자!"

나와 새리는 당장 헬기로 달려갔어요.

나는 모니터를 켜고 이것저것 버튼을 눌러 보았어요.

"그런다고 연락이 되겠어? 처음부터 약속을 정확하게 잡았어야지."

새리가 나를 쏘아보며 말했어요. 나는 새리의 말에 아무런 반박도 못하고 머리를 긁적였어요. 솔직히 무엇을 어떻게 해야 할지 알 수가 없었거든요.

때마침 카드 키가 반짝이기 시작했어요. 그렇게 우리가 탄 헬기는 다음 여행지를 향해 시간의 터널 안으로 들어섰어요.

그때 기적처럼 모니터 화면이 켜졌어요. 삼촌이었어요. 삼촌 옆에서 태현이가 손가락으로 브이 자를 그리며 웃고 있었어요.

"준수야, 이 주파수를 입력해 두렴. 내가 알아서 찾아갈 테니."

삼촌의 메시지를 받은 나는 즉시 초광속 통신 화면을 켰어요. 우리 헬기와 삼촌의 헬기가 교신을 시작하는 동안, 우리는 어느새 시간의 터널 속을 빠져나왔어요.

 **페루의 마추픽추**

창밖으로 흰 구름이 살포시 에워싸고 있는 산봉우리가 보였어요.

헬기가 완전히 멈추자 나는 로봇처럼 밖을 향해 걸음을 옮겼어요. 가파른 능선 위에 돌로 쌓은 건축물들과 계단식 밭이 보였어요.

"맙소사! 여긴 또 어디야?"

새리가 다람쥐처럼 날쌔게 돌계단 위로 뛰어 올라갔어요. 그러고는 흥분된 목소리로 소리쳤어요.

"준수야, 이리 좀 와 봐! 여긴 돌의 나라인가? 전부 돌로 만들어져 있어. 정말 엄청나다!"

"돌의 나라가 아니라 태양의 도시 마추픽추야! 마추픽추는 페루 잉카 제국이 해발 2430m의 높은 산 위에 만든 도시로 '늙은 산'이라는 뜻을 가지고 있어."

마추픽추는 왜 이렇게 높은 곳에 건설되었을까?

마추픽추는 페루의 우루밤바 계곡에 있는 아름다운 잉카 유적지예요. 해발 2430m가 넘는 안데스산맥의 고원에 자리 잡은 마추픽추는 주위가 깎아지른 절벽과 높은 산봉우리로 둘러싸여 있어서 산 아래에서는 그 모습을 볼 수가 없어요. 그래서 '비밀의 공중 도시'라고 불리지요. 고고학자들은 잉카 제국의 파차쿠티 황제가 이 요새 도시를 건설했다고 추정하고 있어요. 1450년 즈음에 지어졌고, 약 1세기 후 스페인의 침략과 비슷한 시기에 버려졌지요. 이후 현지인들에게만 간간이 알려져 있다가 1911년 미국의 탐험가 하이럼 빙엄이 다시 발견하면서 세상에 알려졌답니다. 마추픽추는 접착제나 모르타르(석회나 시멘트에 모래를 섞고 물로 갠 것) 등을 사용하지 않고 돌과 석재들을 쌓아 만들어진 것이 특징이에요. 그렇지만 현재 우리가 볼 수 있는 대부분의 건물들은 페루 정부가 관광객을 위해 복원시킨 것이고, 현재도 계속 복원 사업이 진행되고 있어요. 1983년에 유네스코 세계 문화유산으로 지정되었고, 2007년에는 새로운 세계의 7대 불가사의들 중 하나로 선정되었답니다.

3장 아메리카의 세계 유산

낯익은 목소리에 놀란 나는 소리가 나는 곳으로 고개를 돌렸어요. 그랬더니 글쎄 태현이가 계단식 밭 맨 위에 우뚝 서 있지 뭐예요?

"태현아! 어떻게 된 거야? 언제 왔어?"

나는 태현이를 얼싸안고 팔짝팔짝 뛰었어요.

뒤늦게 태현이가 온 것을 안 새리가 소리치며 달려왔어요.

"야! 너 혼자 가 버리면 어떻게 해?"

"미안해! 피곤해서 잠깐 삼촌 헬기 안에서 잔다는 것이 나도 모르게 그렇게 됐어."

태현이가 쑥스러운 듯 머리를 긁적였어요.

"그런데 삼촌은? 같이 안 왔어?"

"삼촌은 급하게 친구를 만나러 가야 한다고 바로 가셨어."

"얼굴이라도 보여 주고 가시지."

나는 왠지 모를 서운함에 입술을 꾹 다물었어요. 이런 내 마음을 눈치채기라도 한 듯 태현이가 내 어깨를 툭 쳤어요.

"준수야, 너무 서운해하지 마. 얼핏 들었는데 삼촌 친구한테 일이 생긴 것 같아. 삼촌이 해결해야 한다며 급하게 가셨어."

바로 그때 "퍽" 하는 소리와 함께, 새리가 소스라치게 놀랐어요.

"아야! 누구야?"

새리가 둥근 물체를 들고 소리치자 돌담 뒤에서 인디언 복장의 귀엽

게 생긴 남자아이가 달려 나왔어요.

"미안해. 친구들이랑 놀다가 공이 잘못 날아갔어."

"이게 공이야? 잉카 애들도 공놀이를 했나 보네."

새리가 둥근 물체를 돌려주며 중얼거렸어요.

"너희들 이 근처에 사는 아이들 아니지?"

인디언 복장의 남자아이가 호기심 어린 눈빛으로 우리를 찬찬히 뜯어보았어요.

"우린 아주 먼 데서 왔어."

"먼 데? 저기 산 밑? 맙소사! 엄마, 아빠!"

3장 아메리카의 세계 유산

갑자기 남자아이가 놀라면서 눈을 크게 뜨더니 허둥지둥 어딘가로 뛰어갔어요.

"애들아, 여길 빨리 빠져나가는 게 좋겠어!"

태현이가 새리와 내 옷자락을 잡아끌었어요.

"왜?"

"저 꼬마가 어른들을 데려오면 우린 제물이 될지도 몰라."

"무슨 소리야! 알아듣게 얘기 좀 해!"

"삼촌한테 들었는데 잉카인들은 사람을 제물로 바쳤대."

태현이의 말에 우리는 혼비백산하여 헬기를 향해 뛰었어요.

곧, 모두 안전하게 헬기에 올라탔죠. 우리 셋은 약속이라도 한 것처럼 안도의 한숨을 쉬었어요. 잉카인들에게 들키지 않고 헬기를 탈 수 있게 되어 얼마나 다행인지 몰라요.

그런데 우리가 헬기에 타자마자 인디언들이 몰려오는 모습이 보였어요. 자세히 보이진 않았지만 손에 연장 같은 걸 들고 있는 것 같았어요.

"어서 여길 떠나야 해!"

새리가 발을 동동 굴렀어요.

"하지만 카드 키가 아직 신호를 안 보내는걸!"

"더 이상 지체할 시간이 없어! 사람들이 몰려오고 있잖아!"

겁이 난 태현이가 계기판 옆에 있는 빨간색 스위치를 마구 눌렀어요.

그러자 헬기가 요란한 소리를 내며 공중으로 붕 떠올랐어요.

"우와, 어떻게 한 거야?"

"삼촌이 하는 거 봤어! 이걸 누르니까 헬기가 날더라고."

태현이가 배시시 웃었어요.

헬기는 금세 하늘 높이 떠올랐어요. 마추픽추에 있는 건물들이 작은 점처럼 보였지요.

잠시 후 드디어 카드 키가 반짝이기 시작했어요. 나는 스타트 버튼을 힘차게 눌렀지요. 그러자 헬기는 눈 깜짝할 사이에 시간의 터널 안으로 들어가기 시작했어요.

한눈으로 보는 아메리카의 세계 유산

아메리카 대륙은 안데스산맥과 거대한 열대 우림, 그리고 광활한 초원이 펼쳐져 있는 곳으로 아름답고 웅장한 자연 유산을 많이 가지고 있어요. 또한 다양한 인종과 민족들이 어울려 살아가는 곳이기 때문에 그들만의 독특한 역사와 문화가 깃든 세계 유산이 매우 많이 있답니다.

미국 자유의 여신상
자유와 민주주의, 인권, 기회 등을 의미

멕시코 치첸이트사
고대 마야와 톨텍 문명의 유적지

페루 마추픽추
페루에 있는 잉카 유적지

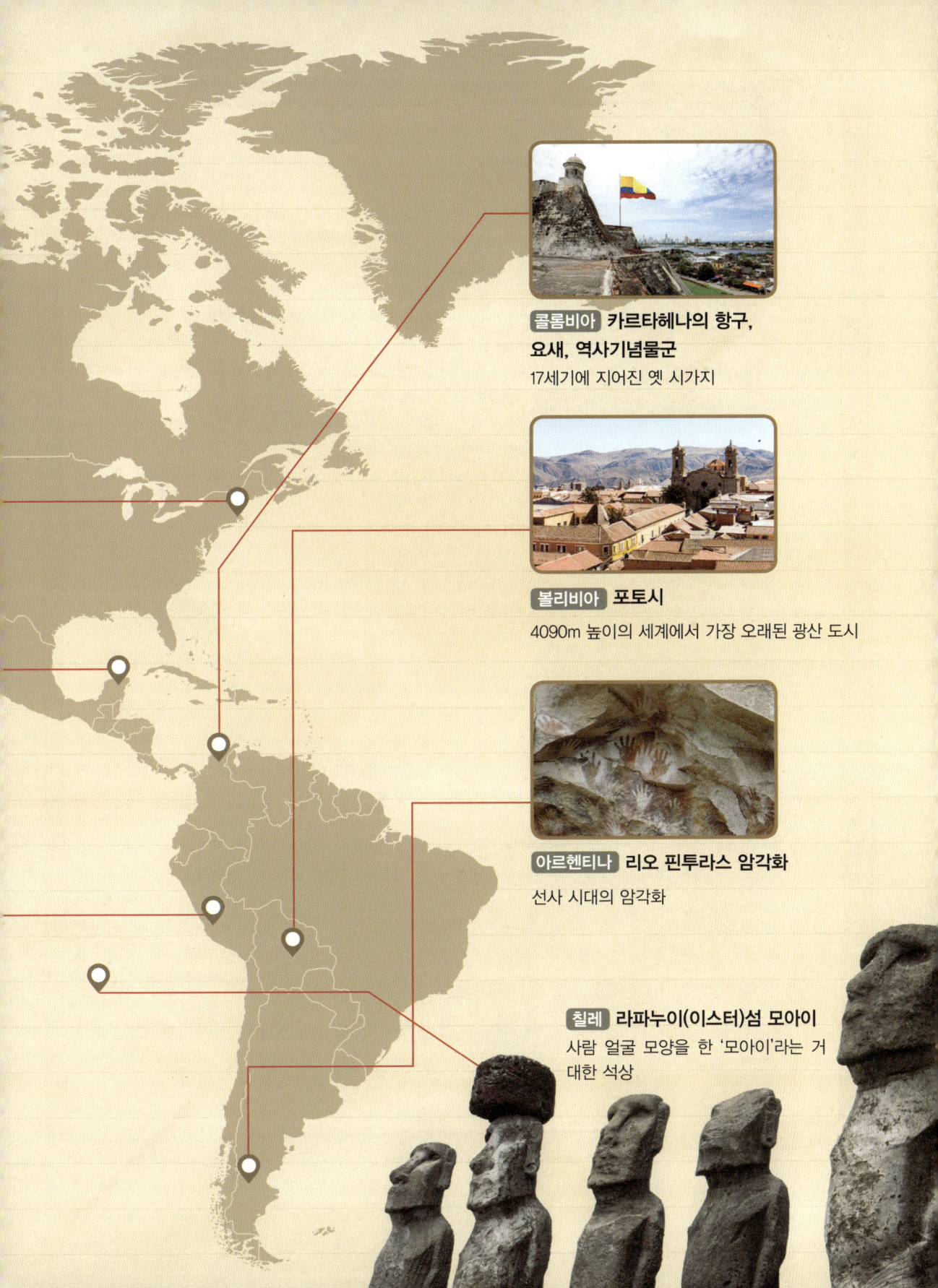

개인이 소장한 세계 유산을 반환해야 할까?

어떤 유산이 세계 유산으로 등재되기 위해서는 인류 전체를 위해 보호해야 할 탁월한 보편적 가치가 있어야 해요. 그리고 세계 유산으로 선정되면 그 유산이 있는 나라가 세계 유산을 소유하는 권리를 가지지요.

그런데 간혹 개인이 세계 유산을 소유하고 있는 경우가 있어요. 이때 개인이 소장한 세계 유산은 계속 개인이 소장해야 할까요, 아니면 국가에 반환해야 할까요?

우리나라에서도 얼마 전 세계 기록 유산으로 등재된 『훈민정음 해례본(상주본)』이 소유권 논란에 휩싸인 적이 있어요.

『훈민정음 해례본』은 훈민정음 한문 해설서로, 세종 대왕이 직접 쓴 서문에 해설이 붙어 있어요.

정인지, 성삼문, 박팽년 등 집현전 학사들이 중심이 돼 전권 33장 1책의 목판본으로 만들었는데 여기에는 훈민정음의 창제 동기와 의미, 사용법 등 한글 창제의 모든 것이 담겨 있답니다.

유네스코는 1997년 한글의 과학적 우수성을 증명한 『훈민정음 해례본』을 유네스코 세계 기록 유산으로 등재했어요. 그런데 이렇게 귀중한 기록물을 개인이 소유하고 있는 상황인 거예요.

유네스코가 어떤 문화재를 세계 유산으로 등재한 이유는 인류 보편적 가치가 있는 자연이나 문화를 보존하여 미래 세대에 안전하게 전달하기 위해서

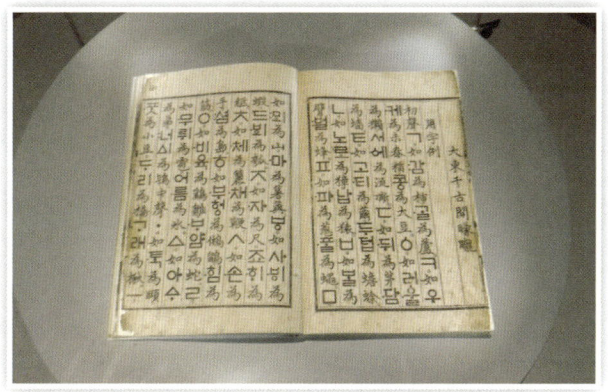

훈민정음 해례본 자료: 위키피디아

예요. 그런데 개인이 세계 유산을 소장하는 일은 관리나 보존 방법 등 간단한 일이 아니에요. 그래서 훼손의 위험성이 클 수밖에 없지요.

『훈민정음 해례본(상주본)』의 경우도 개인이 보관을 하다 화재가 발생해 상주본의 일부가 훼손되는 일이 발생했어요.

세계 유산은 그 나라의 역사적인 유물이자 전 세계적인 자랑거리예요. 그러므로 자기나라의 자랑거리인 세계 유산을 혼자 보는 것보다는 국민 모두가 볼 수 있게 국가에 반환을 해야 하지 않을까요?

하지만 어떤 경로든 간에 본인이 소유한 걸 반환하라고 강제적으로 요구하기도 어려워요. 만약 여러분이 수많은 시간과 노력, 돈을 들여서 문화재를 갖게 되었는데, 역사적 유물이라는 이유로 무조건 기증하라고 하면 할 수 있을까요?

여러분은 이 문제에 대해 어떻게 생각하나요? 친구들과 함께 이야기를 나눠 보세요.

맞혀볼까요?

삼총사가 친구들에게 아메리카의 세계 유산을 소개하고 있어요.
빈칸 안에 들어갈 단어를 써 보세요.

❶ _____ 은 미국 뉴저지주의 리버티섬에 있는 조각상이에요. 이것은 1884년 프랑스가 미국 독립 100주년을 기념하여 선물한 것이라고 하는데, 횃불까지의 높이가 약 46m, 무게는 약 250t에 이른다고 해요.

❷ _____ 는 해발 2430m가 넘는 안데스산맥의 고원에 자리 잡고 있어요. 주위가 깎아지른 절벽과 높은 산봉우리로 둘러싸여 있고, 산 아래에서는 그 모습을 볼 수가 없어서 '비밀의 공중 도시'라고 불리고 있대요.

라파누이(이스트섬)에서는 얼굴 모양의 거대한 석상이 약 887개 자리하고 있어요. 이런 ❸ _____ 석상 덕분에 1995년 유네스코 세계 문화유산에 등재되었지요.

정답: ❶ 자유의 여신상, ❷ 마추픽추, ❸ 모아이

4장

아프리카와 오세아니아의 세계 유산

이집트의 피라미드와 스핑크스

시간의 터널을 빠져나오자마자, 이글이글 올라오는 뜨거운 열기에 답답해졌어요. 태현이가 고개를 쭉 빼고 창밖을 기웃거렸어요.
"여긴 또 어딘데 이렇게 답답하지? 맙소사, 피라미드잖아!"
태현이가 흥분한 듯 소리쳤어요.
우리는 헬기에서 내려 고운 모래사막을 걸었어요. 뜨거운 햇살에 땀

이 비 오듯 쏟아졌지요.

그때였어요.

"저기, 오아시스가 있어!"

태현이가 가리키는 곳에 정말 오아시스가 보였어요. 우리는 마치 달리기 시합이라도 하듯 힘을 내서 달렸어요. 그런데 오아시스에 가까워질수록 오아시스와 야자수 나무들이 하나둘 사라지기 시작하지 뭐예요.

"다 사라졌어. 어떻게 이럴 수가 있지?"

"이게 바로 신기루인가 봐!"

"신기루? 어쩐지 무서운 생각이 드는걸!"

태현이가 침을 꿀꺽 삼켰어요.

그때 내 눈에 쇠똥구리 한 마리가 보였어요. 그런데 자세히 보니 한 마리가 아니었어요. 모래 속에서 수십 마리의 쇠똥구리가 나오더니 줄지어 어디론가 가고 있었어요. 나는 쇠똥구리 뒤를 살금살금 따라갔어요. 쇠똥구리들은 커다란 바위 주변을 맴돌다가 갑자기 사라졌어요.

"어디로 사라졌지? 바위 밑으로 들어갔나?"

나는 바위를 슬쩍 밀었어요. 그러자 갑자기 바위가 스르르 뒤로 밀리더니 넓은 동굴이 나타났어요. 동굴 안에서부터 시원한 바람이 불어왔어요.

나도 모르게 동굴 안으로 들어섰어요. 언제 왔는지 새리와 태현이도 동굴 안으로 들어왔지요.

"우와, 시원하다!"

우리는 뭔가에 홀린 듯 동굴 안으로 들어섰어요. 그렇게 10분쯤 걸었을 때, 앞서 걷던 새리가 걸음을 멈췄어요.

"쇠똥구리야!"

새리가 쇠똥구리를 만지려고 하자 누군가 소리쳤어요.

"만지지 마!"

깜짝 놀라 뒤를 돌아다보니 예쁘장하게 생긴 누나가 서 있었어요.

"이건 쇠똥구리 미라란다. 맨손으로 만지지 마라."

'미라'라는 말에 우리는 놀라 뒤로 한 발 물러섰어요.

"미라요? 사람만 미라로 만드는 거 아니었어요?"

"고대 이집트 사람들은 쇠똥구리도 미라로 만들었단다. 그런데 너희들 피라미드 안에는 어떻게 들어왔니?"

"여기가 피라미드 안이에요? 우린 그냥 동굴을 발견해서 들어와 본 것뿐인데요."

새리가 어깨를 으쓱해 보였어요.

"그런데 누나는 여기 왜 오신 거예요?"

"나는 고고학자란다. 제인이라고 해. 유물을 발굴하러 왔단다."

제인 누나가 손을 내밀었어요.

"저는 준수예요. 얘는 태현이, 얘는 새리. 제 친구예요."

"제인 누나! 우리 만난 적 있나요? 어디서 본 것 같아요."

태현이가 배시시 웃으며 제인 누나에게 말을 걸었어요.

"그런 말 많이 듣는단다. 내가 많이 평범하게 생겼지?"

말을 마친 누나가 피라미드 안으로 뚜벅뚜벅 들어갔어요. 새리가 따라 들어가려 하자 누나가 고개를 가로저었어요.

"애들은 안 돼! 피라미드에는 도굴꾼을 막기 위한 함정이 있을 수 있어. 여긴 위험하니 어서 나가도록 해라! 이 모퉁이를 돌면 밖으로 나가는 길이 나올 거야."

누나가 이렇게 이야기하며 눈을 찡긋하고는 안으로 들어가 버렸어

이집트에만 피라미드가 있는 게 아니야

멕시코의 테오티우아칸에도 피라미드가 있어요.
테오티우아칸은 기원전 2세기 무렵에 세워진 도시로, '신들이 태어난 도시'라는 뜻을 가지고 있는데 이곳에 아메리카에서 가장 큰 피라미드 건축물이 있어요.
이집트 피라미드와 달리 이곳은 왕의 무덤이 아니고, 신에게 제사를 지내던 종교의 중심지이지요. 아즈텍 사람들은 이곳에서 산 사람을 제물로 바치며 제사를 지냈다고 해요. 그런데 이 피라미드는 누가 언제 지었는지 알 수 있는 기록이 전혀 없어요. 테오티우아칸이라는 이름도 이 도시가 쇠퇴한 이후 나와틀어를 사용했던 아즈텍 시기에 붙여졌지요.

멕시코의 테오티우아칸 피라미드

4장 아프리카와 오세아니아의 세계 유산

요. 우리는 잠시 멍한 표정으로 제인 누나의 뒷모습을 바라보았어요. 살짝 엿보니 길고 긴 복도가 보였어요. 그 복도 끝에서 습하고 쾌쾌한 냄새가 나는 것 같았어요.

"이 냄새 좀 기분 나쁜걸! 어서 나가자!"

"그냥 꿉꿉한 냄새잖아. 난 피라미드 내부 구경 좀 더 하고 싶은데."

새리가 입술을 쭉 내밀며 말했어요.

"여기 어딘가에 미라들이 있을 텐데. 괜찮겠어?"

"미라? 애들아, 어서 나가자!"

태현이가 침을 꼴깍 삼키며 재촉을 했어요. 우리는 누나가 알려 준 길을 통해 밖으로 나왔어요.

사막에서의 재회

사막 한가운데 피라미드가 우뚝 서 있었어요. 가까이에서 본 피라미드는 이 세상의 것이 아닌 것처럼 신비스럽게 보였지요.

"피라미드를 왜 만들었을까?"

"피라미드는 왕과 왕 가족의 무덤이야. 고대 이집트 사람들은 죽은 뒤에도 어떤 세상이 있다고 믿었대. 그래서 죽은 뒤에 살 집을 지었던 거야. 물론 왕만 만들 수 있었지."

"정말 어마어마하다! 내 키만 한 돌을 어떻게 옮겨다 쌓았을까?"

피라미드 아랫부분을 맴돌던 새리가 중얼거렸어요.

그때 태현이가 나와 새리를 불렀어요.

"준수야, 새리야, 누가 방금 내 이름을 불렀어."

"너 이제는 귀까지 말썽이니? 이런 사막 한가운데서 누가 네 이름을 알고 부르겠어?"

"그렇지? 그, 그런데 저것 좀 봐!"

태현이가 눈을 비비며 놀란 표정으로 어딘가를 가리켰어요. 어떤 사람이 우리를 향해 걸어오고 있었어요. 겁에 질려 벌벌 떨다가 자세히 살펴보니, 우리 삼촌이지 뭐예요?

"너희들이 왜 멤피스의 피라미드 지역에 있는 거니? 집에 도착했을 거라고 생각했는데."

"몰라요! 우린 그냥 타임머신 헬기에 탔는데 사막에 도착했고 어쩌다 보니 여기까지 왔는걸요."

나와 삼촌은 어떻게 다시 만나게 되었는지 영문을 몰라 어리둥절했어요. 나중에 안 사실인데, 두 타임머신 헬기의 초광속 통신 연결을 끊지 않아서 생긴 일이었어요.

"그런데 삼촌은 왜 여기 오셨어요?"

"나는 여자 친구를 찾으러 왔단다."

삼촌의 말이 끝나기가 무섭게 태현이가 삼촌 앞으로 뛰어갔어요.

"저 봤어요. 삼촌 여자 친구!"

"내 여자 친구를 봤다고?"

"네! 방금 피라미드 안에서 봤어요. 안 그래도 제인 누나를 어디서 봤나 했는데, 이제 보니 삼촌 헬기 안에 걸린 사진에서 봤더라고요."

태현이의 말에 삼촌이 눈을 반짝였어요.

피라미드의 돌을 어떻게 운반하고 쌓아 올렸을까?

이집트에는 80여 개의 피라미드가 있는데, 피라미드 1개를 짓는 데 들어간 돌의 무게가 무려 6~700만t 정도 된다고 해요. 작은 돌 1개의 무게가 2t 정도이고 큰 돌은 무려 50t이 나간다고 하는데, 이렇게 크고 무거운 돌을 어떻게 운반하고 쌓아 올렸을까요?

연구에 의하면 피라미드의 석회암은 나일강을 통해 멀리서부터 운반해 왔고, 내부에 사용된 바위들은 인근 채석장에서 끌어왔을 것으로 추정한답니다. 하지만 현대의 기술로도 무거운 돌을 옮기고 쌓아 올리는 것이 쉽지 않아, 여전히 피라미드 건축의 비밀은 풀리지 않은 의문으로 남아 있지요. 고대 7대 불가사의 중 하나로 꼽히고 있어요.

"너희들이 진짜 봤다고? 그럼 제인을 만난 곳까지 안내해 주겠니?"

삼촌은 반짝이는 야광 실을 피라미드 입구에 매어 두고 피라미드 안으로 들어갔어요.

기다란 복도를 지나자 방문이 눈에 들어왔어요. 우리는 그 문을 열고 들어갔어요. 그런데 문을 열고 들어갈 때마다 똑같이 생긴 복도와 문이 계속해서 나타났어요.

"헐! 길을 잃은 것 같아!"

새리가 당황한 표정으로 우리를 돌아봤어요.

"가짜 통로야."

"가짜 통로를 왜 만들어요?"

"그야 도굴꾼들을 속이기 위해서이지. 아까 들어왔던 문 옆에 진짜 통로로 들어가는 문이 있을 거야."

"제인 누나가 말했던 게 이거였군요."

그렇게 한참을 헤매던 우리는 복도 끝에서 희미한 불빛을 발견했어요. 불빛은 한 방에서 마치 춤을 추듯이 어른거렸어요.

삼촌이 불빛을 향해 뛰어갔어요. 그곳에 제인 누나가 쓰러져 있었고 누나의 발밑에는 손전등이 널브러져 있었어요.

삼촌이 재빨리 제인 누나를 둘러업었어요. 그러고는 야광 실을 따라 밖으로 나왔지요.

잠시 후 제인 누나가 정신을 차렸어요.

"이번에는 늦지 않아서 다행이야! 다시는 널 잃지 않을 거야."

삼촌이 누나를 껴안고 펑펑 흐느꼈어요.

그 모습을 보며 나는 왠지 코끝이 찡해졌지요.

"집으로 돌아가고 싶어!"

제인 누나가 담담하게 말했어요. 그러자 삼촌이 고개를 끄덕였지요.

그때였어요. 저 멀리 사막 한가운데에서 '펑' 하는 소리와 함께 모래바람이 공중으로 치솟았어요. 곧이어 내 목에 걸려 있던 카드 키가 거짓말처럼 사라져 버렸어요.

"사, 삼촌!"

멤피스의 피라미드 지역

멤피스의 기자 지역에는 쿠푸왕과 카프레왕, 그리고 멘카우레왕의 피라미드가 있는데, 이 중 가장 규모가 큰 것은 쿠푸왕의 피라미드예요.

사막의 모래바람 때문에 꼭대기 부분이 많이 닳기는 했지만 현재 137m라는 어마어마한 높이를 자랑하고 있어요. 쿠푸왕의 피라미드 남서쪽에는 쿠푸왕의 아들인 카프레왕의 피라미드가 있고, 카프레왕의 피라미드 앞에는 세상에서 가장 큰 스핑크스가 서 있어요.

스핑크스는 '살아 있는 형상'이라는 뜻을 가지고 있는데, 사자의 몸통에 카프레왕의 얼굴을 가진 모습을 하고 있어요. 마지막으로 세 개의 피라미드들 중 가장 작은 피라미드는 쿠푸왕의 손자인 멘카우레왕의 피라미드예요.

멤피스 피라미드

4장 아프리카와 오세아니아의 세계 유산

나는 놀라 어쩔 줄을 몰라 하며 비틀거렸어요.

"드디어 미래가 바뀌었어!"

삼촌이 나지막하게 중얼거렸어요.

우리가 탄 헬기는 제인 누나를 살리기 위해 삼촌이 만든 것이었어요. 파란색 USB는 제인 누나를 살리기 위한 계획 프로그램의 기동 장치였고요. 이제 제인 누나가 살아 돌아왔으니 삼촌이 세계 유산 타임머신 헬기를 만들 필요가 없어졌고, 당연히 우리가 탄 헬기는 시간의 터널 속으로 사라지고 만 것이었지요.

"이제 집에 가는 건가요?"

"아니! 집에 가기 전에 중요한 일이 하나 남아 있단다."

삼촌이 이렇게 말하며 제인 누나를 바라보았어요.

시드니 오페라 하우스

우리는 삼촌이 타고 온 타임머신 헬기에 함께 올라탔어요. 물론 이번에는 제인 누나도 함께였지요.

잠시 후 아름다운 항구 도시가 보였어요.

"삼촌! 여기는 어디에요?"

"시드니란다. 저기 보이는 하얀 지붕이 바로 오페라 하우스야."

헬기는 오페라 하우스가 한눈에 보이는 해변에 무사히 착륙했어요.

"우와, 바다에 떠 있는 하얀 요트 같아! 오페라 하우스는 도대체 어떤 사람이 생각해 냈을까?"

"오페라 하우스는 덴마크의 건축가인 요른 우촌이 디자인한 거야. 오렌지를 먹다가 생각해 냈다고 해."

제인 누나가 활짝 웃으며 대답했어요. 그러고 보니 꼭 오렌지 껍질을 까 놓은 모양처럼 보였어요.

우리는 곧 오페라 하우스에 도착했어요.

마침 오페라 공연이 시작되고 있었어요. 삼촌과 우리는 공연장 안으로 들어갔지요.

생전 처음 보는 멋진 공연에 우리는 잠시도 한눈을 팔 수가 없었어요. 그런데 더 놀라운 것은 그 뒤에 일어났어요.

글쎄 공연이 끝나자마자, 삼촌과 제인 누나가 무대 위로 올라가지 뭐예요? 그리고 천 명이 넘는 관객 앞에서 삼촌이 제인 누나에게 반지를 건네며 프러포즈를 했어요.

"제인, 나랑 결혼해 주겠어?"

제인 누나가 삼촌이 내민 반지를 받아들자, 관객 속에서 환호성이 터져 나왔어요.

"오페라 하우스에서 프러포즈를 하다니! 너무 멋지다!"

새리가 두 손을 맞잡고 미소를 지었어요.

나는 삼촌의 전혀 다른 모습에 어리둥절했어요.

"한 대 얻어맞은 기분인걸!"

그렇게 세상에서 가장 멋진 프러포즈를 마친 삼촌은 우리와 함께 다시 시간의 터널 속을 지나 집으로 향했어요.

긴장이 풀려서일까요? 이상하게 졸음이 쏟아졌어요. 슬쩍 옆을 보니 어느새 새리와 태현이도 쿨쿨 잠을 자고 있었어요.

얼마나 지났을까?

정신이 들었을 때 나는 내 방 침대에 누워 있었어요.

"무슨 낮잠을 그렇게 자니? 빨리 씻어! 오늘 삼촌이랑 숙모 오는 날인 거 잊었어?"

엄마가 눈을 부릅뜨며 소리쳤어요.

"이번에 결혼한 제인 숙모?"

"얘가 갑자기 무슨 소리야? 삼촌 결혼한 게 몇 년 전인데? 너 태어나기도 전이거든!"

엄마가 내 머리를 콩 하고 쥐어박았어요.

"얼른 네 방 청소 좀 해. 지저분해서 못 살겠다."

"아, 알겠어요."

시드니의 오페라 하우스

오페라 하우스는 발레와 음악 공연, 오페라 등이 열리는 공연장으로, 독특하고 아름다운 디자인 때문에 세계에서 가장 유명한 공연장이 되었어요.
이 공연장은 국제 공모전에서 1등을 한 덴마크의 건축가 요른 우촌이 설계를 맡아 완공했는데, 오렌지 껍질을 벗기다가 아이디어를 얻어 오페라 하우스의 지붕 디자인을 생각해 냈다고 해요.
유네스코는 오페라 하우스를 '그 자체가 인간의 창조력이 만들어 낸 걸작이다.'라고 극찬했대요. 오페라 하우스가 건설되는 데는 총 16년이 걸렸어요. 예정된 기간보다 6년이나 늦었고, 처음에 예상한 비용보다 10배를 초과했을 정도지요. 1973년 개관식 때는 영국 여왕 엘리자베스 2세가 참석해서 오픈 테이프를 끊었을 만큼 전 세계인의 주목을 받았답니다.

시드니 오페라 하우스

아직도 타임머신을 타고 세계 유산 여행을 했던 일이 생생한데 이게 어떻게 된 일일까요? 정말 꿈이었을까요?

아마도 나는 오랫동안 타임머신을 타고 세계 유산을 탐험했던 기억을 잊을 수 없을 것 같아요.

한눈으로 보는 아프리카와 오세아니아의 세계 유산

아프리카는 뜨겁고 건조한 사막과 열대 우림, 초원이 넓게 펼쳐져 있는 대륙이고, 오세아니아는 크고 작은 섬들로 이루어진 땅이에요. 특히 아프리카에는 세계 4대 문명의 하나인 이집트 문명이 탄생한 곳으로 세계 문화유산과 함께 아름다운 자연 유산이 많이 있답니다.

튀니지 카르타고 고고 유적
페니키아-카르타고 문명의 특출한 증거

아프리카 알제리의 타실리나제르
사하라 사막에 있는 약 7만 2000㎢에 달하는 고원

에티오피아 악숨 고고 유적
모세가 하느님에게 받은 십계명이 기록된 돌을 보관하고 있다는 성스러운 도시

탄자니아 세렝게티 국립 공원
약 250만여 마리의 다양한 야생 동물들이 살고 있는 세계 최고의 동물의 왕국

자료: 유네스코 홈페이지

이집트 고대 테베와 네크로폴리스
고대 이집트의 수도였던 룩소르에 있는 고대 유적지

이집트 멤피스와 네크로폴리스: 기자에서 다슈르까지의 피라미드 지역
이집트의 왕인 파라오와 그 가족들의 무덤인 피라미드

이집트 수에즈 운하에 관한 각종 기록물
지중해와 홍해, 인도양을 잇는 운하

오스트레일리아 대보초
오스트레일리아 북동쪽 해안에 있는 산호초 유적

탄자니아 킬리만자로 국립 공원
단독으로 존재하는 세계 최대 규모의 화산암 국립 공원

어떤 것이 세계 유산이 되어야 할까?

2019년 7월 경주 옥산 서원, 영주 소수 서원, 안동 도산 서원, 안동 병산 서원 등 조선 시대 성리학 교육 기관인 한국의 서원 9곳이 세계 유산으로 등재되었어요.

세계 유산으로 등재되기 위해서는 세계가 인정할 만한 탁월한 보편적 가치를 지니고 있어야 한다고 했죠? 세계 유산의 가치 평가는 10개 기준(문화 유산 6개, 자연 유산 4개)에 따라 매겨지며, 그중 1개 이상을 충족해야 하지요. 이외에도 재질이나 기법 등에서 고유의 가치(진정성)를 가져야 하며, 유산의 가치를 보여 줄 수 있는 제반 요소(완전성)를 보유해야 한답니다.

2019년 7월 현재 세계 유산은 전 세계 167개국에 분포되어 있으며, 총 1121점(2019년 등재 기준) 가운데 문화 유산이 869점, 자연 유산 213점, 복합 유산이 39점이에요. 이 중 우리나라의 세계 유산은 '해인사 장경판전(1995년)', '종묘(1995년)', '석굴암·불국사(1995년)' 등 총 14점이 있지요.

우리나라는 매년 세계 유산 등재 및 보존 관리 가치가 있는 여러 문화재와 유물, 기록물 등을 발굴하여 유네스코 세계 유산 등재를 목표로 진행하고 있어요. 하지만 모든 문화재가 세계 유산으로 등재되는 것은 아니에요. 세계 유산 등재에 실패하거나 보류되는 경우가 많이 있어요.

2017년에도 한국을 비롯해 중국, 일본, 타이완 등 9개국이 '일본군 위안부 관련 기록물'을 신청했는데, 유네스코 세계 기록 유산 등재에 실패했어요.

현재 우리나라는 국보 제285호 반구대 암각화를 세계 유산에 등재시키기 위해 총력을 기울이고 있어요. 울산에 위치한 반구대 암각화는 지구상에 존재하는 가장 오래된 고래 사냥 그림이자, 북태평양 연안의 독특한 선사 시대 해양어로 문화를 담고 있는 문화 유산으로 평가받고 있는 유물이랍니다.

그렇다면 어떤 것이 세계 유산으로 등재되어야 할까요?

세계 유산은 세계의 역사에 중요한 영향력을 끼쳐 세계적인 중요성을 갖는 경우, 또는 전 세계 역사와 문화의 발전에 큰 기여를 한 인물과 관련된 기록 유산도 등재된답니다. 여기에서 가장 중요한 것은 세계인의 주목을 받고 세계인에게 자랑할 만한 것뿐만 아니라 역사를 통해 소중한 교훈을 얻을 수 있는 유물이나 문화재도 세계 유산으로서 등재될 가치가 있다고 보지요. '일본군 위안부 관련 기록물'을 신청한 것도 그런 이유에서예요.

지나간 역사에서 지우고 싶은 역사의 흔적이 있더라도 이것 또한 미래의 세대에게는 선조들이 살아온 시대를 통해 배울 수 있는 산 교육 현장이 될 수 있기 때문이지요. 세계 유산으로 등재되었다는 사실은 전 세계 사람들에게 의미 있는 문화재가 되었다는 의미랍니다.

여러분이라면 우리나라의 어떤 문화가 세계 유산으로 가치가 있다고 생각하나요? 여러분이 우리나라 문화 중 최고라고 생각하는 것은 무엇인가요?

세계 유산 퀴즈

오늘은 사회 시험이 있는 날! 선생님이 아프리카와 오세아니아의 세계 유산에 대해 퀴즈를 냈어요. 자, 그동안 공부했던 세계 유산을 가지고 퀴즈를 풀어 볼까요?

Q1 고대 이집트 문명의 상징이자 파라오의 무덤인 이것은 네 방향이 정확하게 동서남북을 가리키고 있어요. 이것은 무엇일까요?

Q2 고대 이집트 사람들은 죽어서 새로운 삶을 산다고 믿어서 시체를 이것으로 만들었대요. 이것은 무엇일까요?

Q3 이것은 '살아 있는 형상'이라는 뜻을 가진 조각상이에요. 사자의 몸통과 카프레왕의 얼굴을 가진 이 조각상의 이름은 무엇일까요?

Q4 시드니 오페라 하우스는 과일의 모양에서 영감을 얻은 건축물이에요. 건축가는 어떤 과일에서 영감을 얻었을까요?

정답: ①피라미드, ②미라, ③스핑크스, ④오렌지

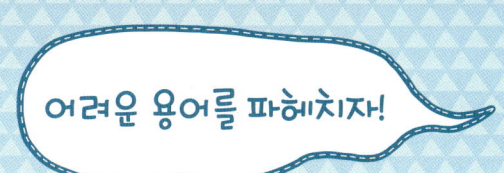

고고학자 고고학은 유적과 유물을 통해 인간의 과거를 연구하는 학문이에요. 고고학자는 유적지와 유물을 발굴, 연구, 분석하는 학자이지요.

대리석 석회암이 높은 열과 강한 압력을 받아 재결정한 암석으로 고대 그리스, 로마에서는 건축 및 조각 재료로 대리석을 가장 좋아했다고 해요.

무슬림 이슬람교도를 지칭하는 말로, 정확한 수는 알 수 없지만 현재 전 세계에 약 13억 명의 무슬림이 있다고 해요. 보통은 '최후의 예언자 무함마드의 샤리아에 따르는 자'만을 가리키지만 과거의 예언자 모세를 따랐던 이스라엘 백성, 예수의 제자들도 이슬람교 입장에서는 무슬림이에요.

미라 사람이나 동물의 시체가 썩지 않은 채로 현재까지 보존된 것으로, 우연히 만들어진 천연 미라와 인간이 만든 인공 미라가 있어요. 사람이 죽은 뒤 다음 세상이 있다고 믿었던 문화권에서 흔히 볼 수 있지요. 최초로 미라를 만든 곳은 기원전 5000년경의 칠레 친초로(Chinchorro)이나 고대 이집트의 미라가 가장 유명하답니다.

신기루 온도나 습도의 관계로 대기의 밀도가 층층이 달라져, 광선의 굴절로 인하여 엉뚱한 곳에 어떤 사물의 모습이 나타나는 현상이에요. 사막이나 극지방처럼 바닥면과 대기의 온도차가 큰 곳에서 쉽게 발견할 수 있지요.

오아시스 사막 가운데에 샘이 솟고 초목이 자라는 곳이에요. 이런 현상은 지표면의 모래층 아래에 고여 있는 풍부한 지하수가 단층 등의 수맥이 끊어진 틈에 스며 올라오기 때문에 생긴답니다. 오아시스의 위치는 사막을 건너는 무역과 이동에 매우 중요한 역할을 한답니다.

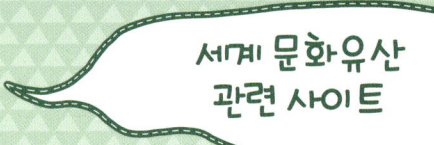

유네스코와 유산 heritage.unesco.or.kr
전 세계 유산을 나라별 목록별로 찾아볼 수 있어요. 무형 문화유산, 세계 기록 유산 등도 자세히 설명되어 있지요. 실시간으로 내용이 업데이트되고 있답니다.

국가 문화유산 포털 www.heritage.go.kr
우리나라 문화재청에서 관리하는 문화 유산 사이트예요. 종목별, 지역별, 조건 등을 두어서 검색할 수 있고, 유네스코 등재 유산도 찾아볼 수 있어요.

어린이·청소년 문화재청 kids.cha.go.kr
어린이들이 문화 유산의 내용을 쉽게 찾아볼 수 있도록 만든 사이트예요. 동영상 등으로 우리 문화재를 쉽게 배울 수 있고, 한국의 유네스코 등재 유산 정보도 정리해 놓았지요. 유형 문화재, 무형 문화재, 기념물, 민속 문화재 등으로 구분해서 살펴볼 수 있어요. 더불어 문화재를 통해 우리나라의 역사도 배울 수 있답니다.

신나는 토론을 위한 맞춤 가이드

세 친구와 함께 세계 유산 여행을 즐겁게 마쳤나요? 여행지에서 배운 내용으로 본격적으로 토론을 해 볼 시간이에요. 토론을 잘하려면 올바른 지식과 다양한 정보가 바탕이 되어야 해요. 책을 다 읽고 친구 또는 부모님과 함께 신나게 토론해 봐요!

잠깐! 토론과 토의는 뭐가 다르지?

토론과 토의는 모두 어떤 문제를 해결하기 위해 의견을 나누는 일입니다. 하지만 주제와 형식이 조금씩 달라요. 토의는 여러 사람의 다양한 의견을 한데 모아 협동하는 일이, 토론은 논리적인 근거로 상대방을 설득하는 일이 중요합니다. 토의는 누군가를 설득하거나 이겨야 하는 것이 아니기 때문에 서로 협력해서 생각의 폭을 넓히고 좋은 결정을 내릴 때 필요해요. 반면 토론은 한 문제를 놓고 찬성과 반대로 나뉘어 서로 대립하는 과정을 거치지요. 넓은 의미에서 토론은 토의까지 포함하는 경우가 많습니다. 토론과 토의 모두 논리적으로 생각 체계를 세우고, 사고력과 창의성을 높이는 데 도움을 준답니다.

토론의 올바른 자세

말하는 사람
1. 자신의 말이 잘 전달되도록 또박또박 말해요.
2. 바닥이나 책상을 보지 말고 앞을 보고 말해요.
3. 상대방이 자신의 주장과 달라도 존중해 주어요.
4. 주어진 시간에만 말을 해요.
5. 할 말을 미리 간단히 적어 두면 좋아요.

듣는 사람
1. 상대방에게 집중하면서 어떤 말을 하는지 열심히 들어요.
2. 비스듬히 앉지 말고 단정한 자세를 해요.
3. 상대방이 말하는 중간에 끼어들지 않아요.
4. 다른 사람과 떠들거나 딴짓을 하지 않아요.
5. 상대방의 말을 적으며 자기 생각과 비교해 봐요.

체계적으로 생각하기

세계 유산은 무조건 멋있어 보일까요?

유네스코는 전 세계가 함께 소중하게 여겨야 할 각 나라의 유산을 세계 유산으로 등재해요. 세계 유산 하나하나에는 인류의 발자취와 수많은 이야기들이 남아 있어요. 세계 유산 곳곳에 숨어 있는 이야기는 우리가 세계 유산을 이해할 수 있게 도와주지요. 다음 세계 유산을 보고 어떤 느낌을 받았는지 생각해 보아요.

스페인의 가우디 건축물

가우디는 에스파냐의 건축가로 달팽이와 뱀, 소, 해골 등의 모습을 본떠 건물을 짓는 사람이에요. 가우디는 건축물도 자연의 일부라고 여기는 건축가였어요. 그래서 자연의 모습이나 동화 속에 나오는 내용을 그대로 옮겨 놓은 듯한 건축물을 지었지요.

비센스 저택과 밀라 저택, 구엘 공원 주택 지구, 사그라다 파밀리아 대성당 등 가우디가 지은 건축물들은 웅장하면서도 아주 화려하고 신비로워요. 마치 동화 속에서 튀어나온 듯한 구엘 공원과 화려하고 웅장한 사그라다 파밀리아 대성당은 그 독창성과 아름다움을 인정받아 세계 유산에 등재되었답니다.

사그라다 파밀리아 대성당

1. 세계 유산으로 등재된 가우디의 건축물을 보면 어떤 마음이 드나요?

2. 사그라다 파밀리아 대성당이 유네스코 세계 유산에 등재된 이유가 무엇이라고 생각하나요?

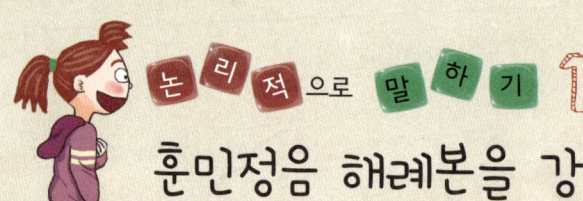

훈민정음 해례본을 강제로 회수할 수 있을까요?

2008년 공개된 『훈민정음 해례본(상주본)』의 법적 소유권이 문화재청에 있다는 법원의 판결이 나왔지만, 소장자는 책을 숨긴 채 반환하지 않고 있어요. 과연 국가는 개인이 소장한 문화재를 강제로 회수해야 될까요? 아니면 개인이 계속 소장해도 될까요? 다음 내용을 읽고 여러분의 생각을 말해 보아요.

2019년 법원이 국보급 문화재인 『훈민정음 해례본(상주본)』의 소유권이 국가에 있다고 확정 판결했다는 거 알고 있어?

그럼 뭐 해? 실소유자라고 주장하는 사람이 내놓지 않고 있는데.

아니, 이게 도대체 어떻게 된 사건이야?

지금 『훈민정음 해례본(상주본)』을 갖고 있는 사람이 2008년 집을 수리하기 위해 짐을 정리하다가 발견하면서 세상에 알려졌어. 그런데 경북 상주 지역에서 고서적을 판매하던 사람이 훔친 거라고 주장하면서 문제가 발생한 거야.

어? 그럼 이제 국가 소유가 된 거잖아. 집을 수색해서 강제로라도 돌려받으면 안 돼?

혹시 압수 수색을 벌였다가 상주본이 훼손될까 봐 가급적 대화로 풀어 가려는 거지. 그런데 이 사람은 끝까지 자기 거라며 상주본을 반환하지 않겠다고 고집을 피우는 거야. 심지어 보상액으로 1000억 원을 주면 내놓을 수도 있다고 말하면서.

1. 『훈민정음 해례본』은 개인이 계속 소장해야 할까요? 아니면 국가가 강제로라도 회수해야 할까요? 여러분의 생각을 말해 보세요.

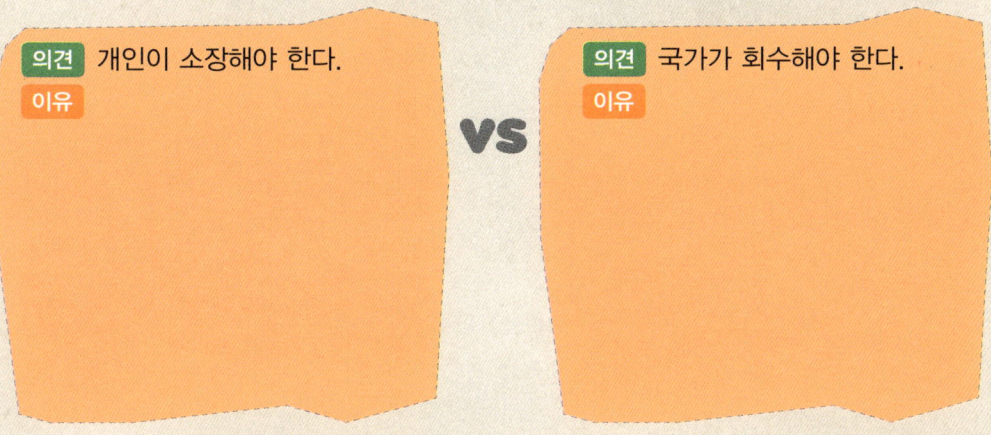

의견 개인이 소장해야 한다.	의견 국가가 회수해야 한다.
이유	이유

2. 문화재를 국가가 아닌 개인이나 기념 사업회 등에서 소장한 경우를 찾아보세요. 그리고 어떻게 보호하고 있는지 알아보세요.

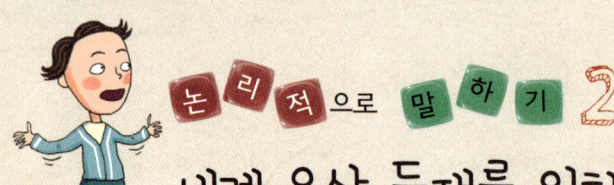

세계 유산 등재를 위하여!

우리 정부와 지자체에서는 우리 유산을 세계 유산 목록에 더 많이 올리기 위해 여러 가지 활동을 하고 있어요. 아래 글을 읽고 우리 지역의 문화재 중 세계 유산에 올리고 싶은 유산은 뭐가 있는지 찾아보고, 세계 유산 등재를 위해 어떤 노력을 기울여야 할지 생각해 봅시다.

2020년 경기도는 북한산성의 유네스코 세계 문화 유산 잠정 목록 등재를 재추진하기로 했어요. 사실 2018년에 한 번 신청서를 문화재청에 제출했어요. 그러나 문화재청 문화재 위원회 세계 유산 분과는 심의 결과 부결되었다고 통보했지요.

경기도는 부결 사유와 권고 사항을 참고하여 다시 한번 유네스코 세계 유산 잠정 목록 등재 신청서를 제출한 거예요.

2020년 말까지 △북한산성 세계 유산 등재 관련 기존 연구 수집, 정리 및 분석 △북한산성의 '탁월한 보편적 가치(OUV)' 제안 △새로운 세계 유산 잠정 목록 등재 신청서 작성 등을 수행하기로 발표했지요.

1968년 사적 162호로 지정된 북한산성은 고려 시기 중흥산성으로 불렸으며, 한양도성을 둘러싼 북한산 일대에 조선 19대 숙종대인 1711년 4월부터 약 6개월에 걸친 짧은 기간에 삼군문(훈련도감, 금위영, 어영청)이 축성을 마쳤어요. 이후 임진왜란과 병자호란 후 조선 사직의 보장처로 남한과 강화의 한계를 극복하기 위해 새롭게 북한산성을 축성했지요. 북한산성은 한양도성과 탕춘대성으로 연결되는 새로운 도성 방어 체계를 완성시킨 역사적 성곽 건축물로 그 가치가 새롭게 평가받고 있답니다.

1. 우리나라에서 세계 유산으로 등재하고 싶은 것을 찾아보고 어떤 이유로 세계 유산으로 올리고 싶은지 적어 봅시다.

2. 세계 유산 등재를 위해 어떻게 해야 할까요? 1번에서 찾은 것을 토대로 어떤 노력을 해야하는지 생각해 봅시다.

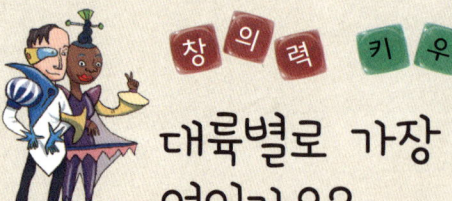

창의력 키우기

대륙별로 가장 보고 싶은 세계 유산은 무엇인가요?

우리가 사는 이 세계는 서로 다른 역사와 문화를 가지고 있어요. 그래서 대륙별로 세계 유산이 모두 다르지요. 가장 보고 싶은 세계 유산 네 가지를 골라 보고, 그 이유는 무엇인지 생각해 봅시다.

가장 보고 싶은 세계 유산 1 :

그 이유는? :

가장 보고 싶은 세계 유산 2 :

그 이유는? :

가장 보고 싶은 세계 유산 3 :

그 이유는? :

가장 보고 싶은 세계 유산 4 :

그 이유는? :

예시 답안

세계 유산은 무조건 멋있어 보일까요?
1. ① 평소 보던 건축물이 아니라서 좀 징그럽게 느껴진다. 아름답다고 하는데 잘 모르겠다.
   ② '하울의 움직이는 성'처럼 재미있고 신기하게 만들어진 것 같다.
2. 지금처럼 몇 년 내에 건축물을 완성한 게 아니라 100년이 넘게 계속 건설해 나가는 것도 이유인 것 같다. 화려하고 웅장한 건물이 독창적으로 만들어진 데다 지금도 여러 건축가들에 의해 완성되어 가는 것이 의미 있다고 생각한다.

훈민정음 해례본을 강제로 회수할 수 있을까요?
1. **개인이 소장해야 한다:** 문화재이지만 사유 재산이므로 개인이 소장해야 한다.
   국가가 회수해야 한다: 훈민정음 해례본은 모든 국민의 관심사이자, 세계가 인정하는 문화재인만큼 국가 차원에서 보호하기 위해 국가가 강제로라도 반환을 받아 관리를 해야 한다.
2. [예시] 쇼팽의 작품 기록들(쇼팽의 작품들은 프레드릭 쇼팽 학회를 비롯한 폴란드 국립 도서관에 보관되어 있다.)

세계 유산 등재를 위하여!
1. [예시] 다도해의 갯벌: 광활하고 오염되지 않은 갯벌을 보호하고, 유네스코 세계 자연 유산으로 지정돼 있는 네덜란드 와덴해 갯벌보다 우리나라의 갯벌에 사는 생물들이 훨씬 다양하고 많다는 것을 전 세계에 알리기 위해서.
2. 등재 추진 전담 조직을 구성하여 체계적으로 갯벌을 알리고 전 세계적으로 우리의 갯벌이 우수하다는 것을 홍보한다.

경기도 사서협의회 추천도서 · 한국교육문화원 추천도서 · 아침독서 추천도서

100만 부 판매 돌파!

수학이 쉬워지고, 명작보다 재미있는
뭉치수학왕

정부 기관 선정 우수 도서상을 많이 수상한 믿을 수 있는 시리즈!

뭉치 수학왕 시리즈는 미래의 인재로 키워 줘.

독후 활동지 1~7

"인공지능(AI) 시대의 힘은 수학에서 나온다!"

개념 수학

〈수와 연산〉
1. 양치기 소년은 연산을 못한대
2. 견우와 직녀가 분수 때문에 싸웠대
3. 가우스, 동화 나라의 사라진 0을 찾아라
4. 가우스는 소수 대결로 마녀들을 물리쳤어
5. 앨런, 분수와 소수로 악당 히들러를 쫓아내라
6. 약수와 배수로 유령 선장을 이긴 15소년

〈도형〉
7. 헨젤과 그레텔은 도형이 너무 어려워
8. 오일러와 피노키오는 도형 춤 대회 1등을 했어
9. 오일러, 오즈의 입체도형 마법사를 찾아라
10. 유클리드, 플라톤의 진리를 찾아 도형 왕국을 구하라
11. 입체도형으로 수학왕이 된 앨리스

〈측정〉
12. 쉿! 신데렐라는 시계를 못 본대

13. 알쏭달쏭 알라딘은 단위가 헷갈려
14. 아르키는 어림하기로 걸리버 아저씨를 구했어
15. 원주율로 떠나는 오디세우스의 수학 모험

〈규칙성〉
16. 떡잎수 할머니와 호랑이는 구구단을 몰라
17. 페르마, 수리수리 규칙을 찾아라
18. 피보나치, 수를 배열해 비밀의 방을 탈출하라
19. 비례배분으로 보물섬을 발견한 해적 실버

〈자료와 가능성〉
20. 아기 염소는 경우의 수로 늑대를 이겼어
21. 파스칼은 통계 정리로 나쁜 왕을 혼내 줬어
22. 로미오와 줄리엣이 첫눈에 반할 확률은?

〈문장제〉
23. 개념 수학-백점 맞는 수학 문장제①
24. 개념 수학-백점 맞는 수학 문장제②
25. 개념 수학-백점 맞는 수학 문장제③

융합 수학

26. 쌍둥이 건물 속 대칭축을 찾아라(건축)
27. 열차와 배에서 배수와 약수를 찾아라(교통)
28. 스포츠 속 황금 각도를 찾아라(스포츠)
29. 옷과 음식에도 단위의 비밀이 있다고?(음식과 패션)
30. 꽃잎의 개수에 담긴 수열의 비밀(자연)

창의 사고 수학

31. 퍼즐탐정 썰렁홈즈①-외계인 스콜피오스의 음모
32. 퍼즐탐정 썰렁홈즈②-315일간의 우주여행
33. 퍼즐탐정 썰렁홈즈③-뒤죽박죽 백설 공주 구출 작전
34. 퍼즐탐정 썰렁홈즈④-'지지리 마란드라' 방학 숙제 대작전
35. 퍼즐탐정 썰렁홈즈⑤-수학자 '더하길 모테'와 한판 승부

36. 퍼즐탐정 썰렁홈즈⑥-설국언차 기관사 '어러도 달리능기라'
37. 퍼즐탐정 썰렁홈즈⑦-해설 및 정답

수학 개념 사전

38. 수학 개념 사전①-수와 연산
39. 수학 개념 사전②-도형
40. 수학 개념 사전③-측정·규칙성·자료와 가능성

독후 활동지

본책 40권+독후 활동지 7권
정가 580,000원